LES

CHAMBIGES

et les

GUILLAIN

MARIUS VACHON

UNE

FAMILLE PARISIENNE

DE

MAISTRES-MAÇONS

AUX

XV, XVI, XVII SIÈCLES

LES CHAMBIGES

MAISTRES DES ŒUVRES, ARCHITECTES

DES CATHÉDRALES DE BEAUVAIS, SENS, TROYES, SENLIS,
DES CHATEAUX DE FONTAINEBLEAU, CHANTILLY,
SAINT-GERMAIN-EN-LAYE, ETC.,
DE L'ANCIEN HOTEL DE VILLE DE PARIS, ET DU LOUVRE

Librairie "La Construction Moderne"
Éditeur
13, rue Bonaparte
PARIS

PRÉFACE

En étudiant avec passion les œuvres des architectes de la Renaissance, M. Marius Vachon rend un singulier service à l'art. Son livre sur les Chambiges replace sous un jour tout nouveau une dynastie d'artistes que le défaut de clarté des documents écrits au commencement du XVIe siècle par des scribes, et remis en honneur par le marquis Léon de Laborde, les « Comptes des Bastiments du Roy », laissait presque oubliée.

Un redressement d'erreurs dès les premières pages sur les Chambiges s'imposait : la distinction qu'il convient de faire entre les « maistres des œuvres », c'est-à-dire les architectes, et les « maistres maçons », qui étaient des entrepreneurs au même titre que nous les connaissons maintenant.

Il y a lieu de remarquer que les moyens de construire ont, de toute antiquité, été les mêmes. L'architecte conçoit les œuvres en dessins géométraux, comme en témoignent les statues chaldéennes de Goudéa de la Galerie du Louvre. Aux plans faits à l'échelle proportionnelle succèdent des façades, des coupes, des élévations, qui ne peuvent naître que par la conception des architectes, et en correspondance avec le programme donné, qu'il s'agisse d'enceintes de villes, de temples, de palais, et jusqu'aux habitations privées. Afin de réaliser ces conceptions, des chefs ouvriers, « maîtres compagnons », sont préposés à l'interprétation des dessins et des ordres édictés par l'architecte. Un entrepreneur, à ses risques et périls, sert d'intermédiaire, c'est le « maistre maçon » comme il est dit plus haut. Quant aux auxiliaires de l'architecte, ils étaient des commis, des élèves, ou, s'il s'agissait de travaux royaux, des « inspecteurs résidents ». Est-ce négligence ou malice ? Les faiseurs de marchés et de rapports, les greffiers qualifient les

« *maistres des œuvres* » *de* « *maçons* » *ou de* « *maistres de la maçonnerie* ». *C'était une confusion à laquelle Pierre Chambiges a pu donner créance, car il fit construire à prix déterminés par des marchés. Mais on peut affirmer qu'à de rares exceptions l'ordre des emplois pour bâtir est celui qui s'est perpétué à travers les siècles, parce qu'il est dans la nature des choses. Il devait en être ainsi du temps de Vitruve, sous saint Louis, pour Pierre de Montereau et Villard de Honnecourt, aussi bien que pour les architectes de la Renaissance, Martin et Pierre Chambiges, Pierre Lescot, Jean Bullant, etc., toute cette pléiade d'architectes qui ont immortalisé l'Art français pendant plus d'un siècle, tous chargés des travaux royaux, non seulement comme architectes, mais comme des intendants de bâtiments, réglant les dépenses, même avec des engagements à prix fermes, mais non comme entrepreneurs à bénéfices, les traitements fixes et des gratifications leur étant attribués, même des dignités, comme en fut comblé, au moment de sa faveur, Philibert de l'Orme, surintendant des Bâtiments du roi Henri II.*

La qualité d'architecte, d'artiste de talent, de Pierre Chambiges, établie par M. Marius Vachon, d'après la récente découverte faite dans les Archives du château de Chantilly, par M. Gustave Macon, l'érudit sous-conservateur du Musée Condé ne peut être contestée. Pierre Chambiges était fils de Martin Chambiges et vraisemblablement son élève. Ces Chambiges pouvaient remonter haut dans leur art. Martin construisit à Troyes, Sens, et Beauvais, à la dernière période de l'Art du Moyen Age. On sait que Pierre eut une jeunesse dissolue ; mais il s'amenda et suppléait son père, et il dut participer aux travaux, si savants, et d'un éclat si remarquable, des édifices construits au début du XVIe siècle. Suivant un entrainement devenu général, il dut, comme les architectes des autres nations et les Italiens eux-mêmes, puiser dans les livres sur Rome l'inspiration de l'Antique. Déjà quelques traités d'Architecture paraissaient et vulgarisaient les connaissances à ce sujet. Pierre Chambiges s'en inspira, sans doute, lorsqu'il fut chargé par le baron Guillaume de Montmorency de renouveler le « *Logis* » *du château de Chantilly, pendant l'absence du connétable Anne de Montmorency, alors en Espagne. Il adapta aux façades des bâtiments nouveaux les* « *ordres* », *qu'il interprétait avec un sentiment délicat, et tels que les a représentés J. Androuet du Cerceau dans ses* « *Plus excellents bastiments de France* ».

Ce travail important mit l'artiste en évidence. Attaché aux travaux du nouvel Hôtel de Ville de Paris, très probablement après le moment où le projet dressé par Dominique de Cortone, dit le Boccador, laissait tant de prise à la critique qu'on dût le démolir en partie, Pierre Chambiges fut chargé de composer, sur un terrain agrandi, un autre projet, où rien de l'influence italienne ne devait prévaloir. Il dut s'attacher à créer une œuvre originale, tout en y imprimant la marque de ses conceptions antérieures. L'application, transformée par le goût français, d'un art inspiré de l'Antique, mais renové, s'adaptant à nos coutumes de toitures élevées, de cheminées monumentales, et même de licences de composition charmantes : tel était l'Hôtel de Ville de Paris, avant la destruction de cette merveille de notre Art par les barbares révolutionnaires de 1871.

Pierre Chambiges prit part à d'autres travaux importants à Fontainebleau, malgré l'invasion des décorateurs italiens, attirés par la magnificence des Valois. Il y dirigea la construction de plusieurs bâtiments, conçus par lui, par ordre de François Iᵉʳ, et dont les « Comptes des Bastiments du Roy » font mention.

Fut-il chargé, à la suite de ces travaux, de dresser le projet d'ensemble de la transformation du château de Saint-Germain-en-Laye ? Il n'y a là, en l'absence d'autres preuves, rien d'invraisemblable. Il a bien été admis que Serlio en avait fait le projet, mais cette hypothèse est maintenant écartée ; car, pas plus pour Saint-Germain-en-Laye que pour Chantilly et l'Hôtel de Ville de Paris, il n'y a dans ces édifices trace de sentiment d'architecture « italienne ».

Il est certain que Pierre Chambiges y a fait exécuter de très importants travaux ; il n'est pas niable que, d'après les « Comptes des Bastiments du Roy », tout le corps de l'édifice en façade sur la place du Château est l'œuvre construite par Pierre Chambiges : c'est par excellence la partie noble par l'ampleur de la conception, ses élégantes voûtes avec nervures et à clés pendantes, par la sévérité de l'étage moyen, enfin la magnificence de la Salle des fêtes, dite de Mars, tenant la hauteur de deux étages du bâtiment. C'est là l'œuvre d'un artiste et d'un excellent constructeur. Sous l'enveloppe unitaire des façades, d'un caractère si original qu'aucun autre château ne peut lui être comparé, on peut reconnaître la conception d'un maître en son art.

Si les fenêtres entrecolonnes et sous arcatures du rez-de-chaussée de la façade de l'Hôtel de Ville sont de même caractère original que celles établies, les premières, *dans la cour d'honneur du Chantilly d'autrefois, les voûtes du bâtiment de la Salle des fêtes du château de Saint-Germain-en-Laye sont du même goût et de construction identique que certaines de celles qui ont été reproduites récemment, d'après les anciennes voûtes, à l'Hôtel de Ville de Paris par les architectes Théodore Ballu et E. Deperthes.*

La qualité de « maître des œuvres » reconnue à Pierre Chambiges pour Saint-Germain-en-Laye, dans les « Comptes des Bastiments du Roy », et pour le rendez-vous de chasse de la Muette, ne peut être contestée ; mais, dans ces mêmes comptes, Pierre Chambiges est aussi désigné comme « maître maçon » à propos de marchés passés pour l'exécution des travaux à prix convenus. Cette qualification jette, à notre point de vue moderne, une ombre sur la situation de l'artiste. Quels usages suivait-on alors, aussi bien à Fontainebleau qu'à Saint-Germain, pour confier à prix faits d'importants travaux à Pierre Chambiges, dont le titre de « maistre des œuvres » ou d'architecte était de notoriété ? Il s'agissait probablement pour le roi ou les officiers de finance préposés aux intérêts du Trésor d'être assurés que le travail ne dépasserait pas les prévisions des « deviseurs ».

Quoi qu'il en soit, Pierre Chambiges était non seulement un grand artiste, mais un constructeur émérite, pouvant concevoir et mener à bien une grande œuvre comme était le château de Saint-Germain-en-Laye, séjour préféré du roi, et dont François Ier suivait les travaux avec un si vif intérêt, ainsi que le prétend du Cerceau « qu'aucun autre que luy en fust l'architecte », l'architecte comme peuvent l'être les rois et les princes, lorsqu'ils ont sous la main des artistes qui méritent leur confiance, savent faire bâtir vite et bien en ménageant leurs finances, enfin laissent des œuvres qui font encore notre admiration.

H. DAUMET,

DE L'INSTITUT.

CHATEAU DE CHANTILLY

1. Face sud-est. Gravure d'Israel Silvestre. — 2. Face nord-ouest. Gravure de Pérelle.

EN FAÇON D'AVANT-PROPOS

" Maistres maçons - tailleurs de pierre "
" Maistres des œuvres de maçonnerie "
"Deviseurs de plans ", " Architectes "
aux XV⁰ et XVI⁰ siècles.

Presque à chaque page de cette étude, seront employés les termes « maistres maçons-tailleurs de pierre », « deviseurs de plans », et « architectes ». La nécessité s'en impose de donner préalablement une définition de ces termes divers, de déterminer les attributions des fonctions professionnelles auxquelles ils se rapportent, pour le temps et le milieu dans lesquels ont vécu et travaillé les artistes, dont la vie et les œuvres vont être analysées et résumées. Ainsi, pourront être évités, sans doute, dans l'exposé des faits et dans l'interprétation des documents, bien des malentendus et des méprises, qui leur feraient perdre de leur valeur, et contribueraient à conserver les fausses légendes sur notre Art national.

Le terme « maistre maçon-tailleur de pierre » était, encore, à la fin du XV⁰ siècle, et pendant tout le XVI⁰, d'un usage aussi courant que pendant le Moyen âge, où les rares documents d'archives, qui concernent les œuvres d'architecture de notre pays, le traduisent en latin par « lathomus » ou « lathomos ». Par exemple, l'épitaphe de Pierre de Montreuil, le maître des œuvres de la Sainte-Chapelle de Paris, porte cette qualification : « vivens doctor lothomorum (de son vivant, docteur, ou mieux, dans le sens d'enseignement magistral, « maître des tailleurs de pierre »). Dans les passages des "Registres des délibérations du Bureau de la Ville de Paris" relatifs au Pont Notre-Dame, en 1499, le titre « maistre maçon-tailleur de pierre » est constamment joint aux noms des nombreux « maistres des œuvres de maçonnerie » de Paris, et d'autres villes, appelés en consultation. Pierre Gadier, qui commença, en 1528, la construction, sur ses plans, du château du Bois de Boulogne, est qualifié, dans les « Comptes des Bâtiments du Roy » : tailleur de pierre et maistre maçon » ; Jehan Grappin, qui bâtit l'église St-Gervais et St-Protais, de Gisors, porte, sur les comptes de l'édifice, les titres de « maistre maçon, tailleur, et ymaigier ». Et, même, en 1570, parmi les maîtres des œuvres de maçonnerie mandés à Beauvais par le Chapitre de la cathédrale « pour veoir et savoir les besognes les plus nécessaires qu'il convient de faire », figure « Martin Candelot, masson et tailleur de pierre. »

Il est certain que cette double qualification ne s'applique point indistinctement à tous les gens du métier de la maçonnerie ; elle détermine les deux professions spéciales de maçon et de tailleur de pierre, qui se trouvaient souvent réunies, que pratiquaient simultanément les maîtres maçons appelés à construire des palais, des châteaux, des hôtels, des églises, de simples maisons, et même des bâtiments fort modestes, granges, écuries, etc.

Lorsque le maître maçon est à dénommer, dans un document, à propos de travaux techniques, tels que la rédaction des plans et des devis, la coupe des pierres, la sculpture ornementale, etc., il reçoit le titre de « tailleur de pierre » ; s'il n'est question de lui qu'au point de vue de la maçonnerie proprement dite, on l'appelle « maistre maçon » tout court. Il est le patron des ouvriers travaillant à ajouter des pierres brutes, taillées, ou sculptées, les unes aux autres, et à les unir avec du mortier. Par exemple, dans les « Comptes des Bâtiments du Roy » concernant le château de Fontainebleau, Pierre Girard, dit Castoret, Jacquet, dit de Grenoble, Charles Baillard, Guillaume Châlon, Jean Chaponnet, et François, entrepreneurs et vérificateurs des travaux, sont toujours désignés comme « maistres maçons » — ce qu'ils étaient corporativement, — et jamais comme « tailleurs de pierre ». Ce n'est point que ce terme fut, de leur temps, passé de mode, ou tenu pour inférieur à leur situation officielle, mais bien parce qu'ils n'y avaient aucun droit, ne faisant point partie de la corporation des tailleurs de pierre. Malgré la diversité de ses titres officiels, Philibert de l'Orme, qui avait la plus grande fierté de sa profession et s'enorgueillissait de représenter les traditions de l'Ecole française contre les innovations des Italiens de Fontainebleau, n'inséra jamais à côté de son nom celui de « maistre maçon-tailleur de pierre » : c'est qu'il n'avait ni appris, ni pratiqué manuellement aucun de ces deux métiers ; qu'il n'en avait pu, par conséquent acquérir la maîtrise. Pierre Lescot, non plus, n'est jamais qualifié ainsi, dans aucun acte, pour la même raison. Fils d'un conseiller au Parlement de Paris, très riche, titré sieur de Clagny, il n'avait point, dans sa jeunesse, manié la truelle, ni le marteau. Sans avoir eu la même origine bourgeoise, Jean Bullant fut aussi un autodidacte en architecture, à la suite de son voyage d'études en Italie ; il ne passa point par la maîtrise. Aussi ne portait-il pas le titre de « maistre maçon », alors que Charles Baillard, qui commença, probablement, avant lui, Ecouen, est constamment désigné, dans les actes officiels, comme « maistre des œuvres de maçonnerie de monseigneur le Connestable (Anne de Montmorency) » parce qu'il avait fait sa carrière dans la corporation.

Il semble bien que cette sorte de spécialisation professionnelle de maître maçon, impliquant l'exercice manuel du métier, exclusif de toute instruction libérale, explique pourquoi, parmi les maîtres maçons employés par François Ier à la construction de ses châteaux, parce qu'ils étaient les plus expérimentés et les plus habiles, Gilles le Breton, à Fontainebleau, Jacques et Guillaume le Breton, à Villers-Cotterets ; Pierre Gadier, au château de Madrid ; Pierre Trinqueau, à Chambord, Pierre Ier Chambiges, à St-Germain-en-Laye, aucun ne fut pourvu d'abbaye, ou nommé surintendant des « Bâtiments du Roy », comme Philibert de l'Orme, Jean Bullant, le Rosso, le Primatice en eurent l'honneur et les profits.

En ce temps, ainsi qu'au Moyen âge, les maîtres des œuvres étaient des ouvriers ayant suivi toute la hiérarchie corporative : l'apprentissage, le compagnonnage, et la maîtrise des métiers de maçon et tailleur de pierre. Fort souvent, tout en dirigeant des chantiers de construction, ils continuaient de travailler manuellement avec leurs ouvriers, de « massonner » ou de « tailler ». Guillaume Senault, « maître des œuvres » du cardinal Georges Ier d'Amboise, à Gaillon, qui donna les plans et dirigea la construction du grand corps de logis, ou « Grand maison » — un chef-d'œuvre d'architecture, — recevait des gages quotidiens « pour son travail manuel et pour son regard sur les ouvriers » (1). Un autre maître des œuvres du cardinal, Pierre Fain, passait, à la date du 4 décembre 1507, un marché d'entreprise dans lequel on lit cette mention : « Pierre Fain et ses compagnons, à présent besognans au château de Gaillon » (2). On en trouvera, aux chapitres suivants, d'autres exemples typiques. Les maîtres des œuvres tenaient même à se faire honneur d'être

---

(1, 2) DEVILLE, *Comptes du château de Gaillon*, pages CVI et CVII.

des « ouvriers » ; ils se qualifiaient spontanément de cette façon. Invités à donner par écrit au Bureau de la Ville de Paris leur avis sur la reconstruction du Pont Notre-Dame, Jehan le Conte, « maistre des œuvres de maçonnerie de Rouen », et Pierre Tharizel, « maistre des œuvres de maçonnerie d'Amiens », — que le Chapitre de la cathédrale de Beauvais devait charger, un peu plus tard, d'examiner les plans d'achèvement de l'édifice, dressés par Martin Chambiges, — libellaient en ces termes le rapport remis au Prévôt des marchands : « C'est le rapport de Jehan « le Conte, ouvrier de Rouen et Pierre Tharizel, ouvrier d'Amiens, venus en ceste « ville au mandement de messieurs les commis et ordonnez en l'otel de la ville (1). »

Les deux termes « maistre maçon », « tailleur de pierre » ne sont donc que des désignations exclusives de métier ; mais ils ont une très grande importance par les indications qu'ils peuvent fournir pour rechercher l'auteur des plans d'un édifice, en raison de la réunion des connaissances techniques nécessaires à cette fonction ; et, pour les constructions dans lesquelles l'ornementation tient une grande place, l'on peut déduire de l'absence du second terme que le maitre des œuvres dénommé avec l'unique mention « maistre maçon » n'est point l'auteur des plans.

Aux XVe et XVIe siècles, et antérieurement, le terme « architecte » n'avait point la signification professionnelle qu'il reçut plus tard, et qui lui a été conservée. Il servait exclusivement à désigner les ingénieurs, les faiseurs de « chasteaux » (de remparts, de fortifications), les leveurs de plans de villes et de champs, les charpentiers, les menuisiers, les couvreurs, les décorateurs, etc. Les rois, les princes, les grands seigneurs, qui aimaient à bâtir et prétendaient s'y entendre, recevaient aussi cette qualification. Christine de Pisan écrivait que Charles V était en fait de bâtiments « vrai architecteur, deviseur certain, et prudent ordeneur ». En Italie, les souverains, les municipalités, les couvents qui faisaient construire des palais, des hôtels, et des églises, en demandaient les plans à des artistes de tous genres, des peintres, des sculpteurs, des orfèvres, et même à de simples amateurs qu'on dénommait ou qui se qualifiaient architectes. « Des prélats, des princes se piquaient de tracer des plans « à l'envi des hommes de métier ; citons au hasard : Laurent le magnifique, « messire Octavien Panigalora de Milan qui assista Zenal dans les travaux du dôme « milanais, le duc Alphonse de Ferrare, le cardinal Daniel Barbaro, patriarche d'Aquilée (2). » Philibert de l'Orme, dans un de ses livres, parlant du

---

(1) *Registre des délibérations du Bureau de la Ville de Paris*, tome I, page 5.
(2) Eugène Muntz, *Histoire de l'Art pendant la Renaissance*, Italie, l'Age d'or, page 314.

cardinal de Sainte-Croix, depuis pape sous le nom de Marcel, dit qu'il était
« homme très doué en diverses sciences et mesme en l'architecture, en laquelle pour
« lors il prenait grand plaisir, voires jusqu'à ordonner et faire desseings et
« modèles. »

Les artistes italiens de toutes catégories professionnelles, peintres, sculpteurs,
orfèvres, armuriers, menuisiers, mosaïstes, jardiniers, etc., venus en France, dans
les fourgons de Charles VIII, Louis XII, et François Ier, sont tous plus ou moins
« architectes », et tiennent à ce titre. En effet, dans l'état des gages de ceux qui
étaient employés par Charles VIII, se lit le nom de « Jehan Jocundus » (frère
Joconde) « deviseur de bastiments » ; dans les "Registres des délibérations du Bureau
de la Ville de Paris", 1532 et 1533, Dominique de Cortone, dit le Boccador, porte
le titre de « deviseur de plans et pourtraictz » ; dans les lettres patentes de François Ier
accordées à Sébastien Serlio pour sa nomination d'inspecteur des travaux de Fontainebleau, cet artiste italien est qualifié « peinctre et architecteur ordinaire du
Roy » ; dans les « Comptes des Bâtiments du Roy », on voit figurer « Pierre
Paule, dit l'Italian, architecteur, concierge du château de Moulins », chargé du
contrôle administratif des travaux. L'acte de décès de Jérôme della Robia, dressé
en août 1566, l'inscrit avec cette désignation : « Italien florentin, architecte du Roy ».

Les Italiens mirent le mot « architecte » à la mode, sinon en usage courant.
On l'applique bientôt à des artistes français qui font de l'architecture en gens de
métier. Philibert de l'Orme, en tête de ses « Nouvelles inventions pour bien bastir
et à petits fraiz », énumère ainsi ses titres et qualités : « Lyonnois, architecte,
conseiller et aulmosnier ordinaire du feu Roy Henri, et abbé de Saint-Eloy de
Noyon ». Dans une délibération du Bureau de la Ville de Paris concernant les
travaux de décoration des rues et places publiques exécutés à l'occasion de l'entrée
à Paris de Charles IX et d'Isabelle d'Autriche, Germain Pilon, mentionné en
même temps que Nicolas dell'Abatte, et Pierre d'Angers, peintre, est qualifié
« architecque et sculpteur du Roy » ; Jean Goujon, lui aussi, reçoit, dans la
dédicace à Henri II de la traduction de Vitruve, par Jean Martin (1547), la
qualification suivante : « maistre Jean Goujon, naguère architecte de monseigneur
le Connétable et maintenant l'un des vôstres ».

Les « deviseurs de plans » italiens importèrent en France des mœurs et des
habitudes professionnelles tout opposées à celles de nos maîtres maçons-tailleurs de
pierre, et maîtres des œuvres de maçonnerie. Chez eux, le métier de maçon était

traditionnellement le monopole des « Comacini », ou habitants de la province de Côme, comparables à nos modernes Limousins ; les entrepreneurs se recrutaient presque exclusivement parmi eux. Mais les « Comacini » n'étaient que des ouvriers maçons, incapables, faute d'instruction spéciale, de dresser les plans d'un édifice, d'en diriger les travaux de construction. Ils n'en avaient pas moins, sinon plus, d'orgueil corporatif ; et ils étaient constamment en conflit avec les « deviseurs de plans » et « faiseurs de pourtraictz », dont ils interprétaient et traduisaient les œuvres au gré de leur ignorance et de leurs caprices, sans prendre souci des lois scientifiques de la construction, qu'ils ne connaissaient pas. « C'est ce qui explique « pourquoi la plupart des monuments de l'Italie du nord manquent d'envolée ; « comment leur plan ne présente pas cette franchise de lecture qui, à simple vue, « fait deviner l'élévation ; comment dans les parties qui divisent leurs façades tout « est incertitude et comment cette absence de coordination détruit le lien si étroit, « si nerveux, qui, chez nous, du fond au sommet de l'édifice, unit la décoration à « la structure (1) ». L'histoire de l'Architecture italienne a conservé le souvenir de luttes épiques entre architectes et « Comacini. »

Aussi, s'en était-il créé, en Italie, une coutume professionnelle : on exigeait de l'architecte un modèle en bois, avant qu'il fît commencer les travaux de l'édifice dont il avait donné les plans sommaires. « Ces modèles, dont quelques-uns se sont « conservés jusqu'à ce jour, exigeaient un travail aussi long que minutieux. Des « architectes habiles ne dédaignaient pas d'y mettre la main. Ainsi fit Baccio d'A- « gnolo pour la façade Saint-Laurent-de-Florence, telle que l'avait projetée Michel- « Ange. Mal lui en prit ; son irascible ami lui reprocha d'avoir transformé son « modèle en une œuvre enfantine "una cosa da fanciullo". Michel-Ange avait d'ail- « leurs l'habitude d'exécuter des modèles, non en bois, mais en terre, ce qui lui « permettait d'aller excessivement vite (2). » Les « deviseurs de plans » continuaient de suivre chez nous cette coutume. Par exemple, le Boccador exécuta un « modelle en bois de menuiserie » de son « ostel de ville » gothique de Paris. « pour éviter à faulte », dit la délibération du Bureau de la Ville ; ce modèle fut présenté successivement à François Iᵉʳ, au Prévôt des marchands et aux Échevins qui l'approuvèrent. On montrait à Blois, à la fin du XVIIᵉ siècle, un modèle en bois du château de Chambord, que la tradition attribuait au même deviseur de plans ; mais ce modèle,

(1) HENRY HAVARD, *Histoire et philosophie des styles*, tome II, page 53.
(2) EUGÈNE MUNTZ, *Histoire de l'art pendant la Renaissance*, Italie, l'Age d'or, page 320.

dont Félibien a laissé la description, ne ressemble en rien à l'édifice superbe, construit par les maîtres maçons français : Pierre Trinqueau, Sourdeau, et Coqueau.

En France, il en est différemment qu'en Italie. Nos maîtres maçons sont aussi habiles et ingénieux artistes, capables de dresser des plans, qu'experts constructeurs, aptes à résoudre les problèmes techniques les plus difficiles. Contrairement à des idées fausses propagées par quelques écrivains, ils dressaient, pour les bâtiments dont la construction leur était confiée, des plans et des devis complets, détaillés, et définitifs ; pour toutes les parties où il y avait taille de pierre et sculpture ornementale, ils faisaient même exécuter des « mosles » en bois, qu'on envoyait aux carrières, ou plaçait dans les loges, pour servir de gabarits aux ouvriers. La fidèle et stricte exécution des plans était toujours imposée à ceux qui avaient la charge de la direction des travaux, en l'absence du maître des œuvres véritable ; et il était constamment fait appel à celui-ci, lorsque cette exécution donnait lieu à des hésitations ou à des difficultés. Parfois, les travaux durent un siècle, un demi-siècle ; l'œuvre n'en présente pas moins une unité et une harmonie parfaites ; la piété filiale ou familiale, venant ajouter des obligations nouvelles à celles des coutumes professionnelles et des traditions corporatives, a inspiré aux maîtres des œuvres, qui se sont succédé pendant cette période, l'exécution rigoureuse de ces plans. Contrairement aux usages des « deviseurs de plans » italiens, suivant cette autre pittoresque définition de Philibert de l'Orme, « donneurs de pourtraictz et de desseins, dont la plupart n'en « sçauroient bien trasser ou décrire aucun, si ce n'est par l'ayde et moyen des « peinctres, qui les sçavent plus tost bien farder, làver, ombrager et colorer, que « bien faire et ordonner avecques toutes leurs mesures », nos maîtres maçons-tailleurs de pierre n'ont besoin de personne pour terminer leurs plans, pour les rendre pratiques. Ils connaissent à fond tous les secrets, toutes les ressources, toutes les finesses du métier ; et ils peuvent, à leur gré, être maîtres des œuvres, directeurs de chantier, entrepreneurs, vérificateurs, contrôleurs, et surintendants. Philibert de l'Orme, dans son autobiographie, nous dit qu'il fut tout cela ; et il s'en montre très fier.

Les plans d'édifices dressés dans ces conditions constituaient, pour les maîtres des œuvres, une véritable propriété artistique, insaisissable, inaliénable, par ce qu'ils étaient leur pensée intime, réalisée avec tout leur cœur, toute leur âme. Ni les souverains, ni les grands seigneurs, ni les municipalités, ni les Chapitres ne songeaient à contester cette propriété, non plus le droit de la faire respecter après la mort. Les maîtres des œuvres ne se séparaient jamais de leurs plans ; on en trouvera plus loin de nombreuses preuves. Cette propriété artistique des plans, reconnue aux maîtres des œuvres et à leurs héritiers, explique la curieuse particularité que présente l'histoire d'un grand nombre d'édifices du XVe et du XVIe siècles : la survivance constante, pendant de longues années, de membres de la même famille dans la direction des travaux jusqu'à leur achèvement.

Mais l'idée de cette propriété artistique n'existait pas pour les « deviseurs de plans » italiens ; ils ne pouvaient même l'avoir, en raison de l'impersonnalité de ces plans. Les « beaux pourtraictz » qu'ils font résument bien plutôt les fantaisies et les caprices de ceux qui les avaient commandés que leurs conceptions personnelles. Et, ainsi, ces artistes singuliers s'assuraient l'argent, les faveurs, les honneurs, et la renommée qu'ils poursuivaient avant tout. Aussi, ces plans étaient-ils toujours payés une somme définitive, sous forme de présents ou d'indemnités, dont l'importance dépendait de la générosité du client. Le roi, les reines de la main gauche, comme celles de la main droite, qui se piquaient de connaissances et de goût en architecture, tenaient à privilège de réviser les plans de ces « architecteurs » ou deviseurs », de leur imposer des modifications, des changements, des transformations radicales, que n'auraient jamais acceptés pour leurs créations nos maîtres maçons, maîtres des œuvres de maçonnerie, parce qu'ils avaient la conscience de leur valeur, et le respect de leur dignité professionnelle ; et, de plus, ces clients se réservaient le droit de ne point faire exécuter ces plans, de les remplacer par d'autres. C'est ce qui arriva à Dominique de Cortone pour l'Hôtel de Ville « gothique » de Paris, qu'il commença, qui fut interrompu, puis démoli, et remplacé par l'œuvre de Pierre Ier Chambiges ; pour le "modèle" du château de Chambord, qui lui valut, le 12 mars 1531, une gratification de François Ier, et ne fut pas réalisé. Girolamo della Robbia dut subir, lui aussi, la même dûre épreuve d'amour-propre pour les plans du château de Madrid, au Bois de Boulogne, qu'il avait « devisés » à la demande du roi, et auxquels furent substitués ceux que dressa et exécuta Pierre Gadier, « maistre maçon-tailleur de pierre ».

L'important, l'essentiel pour ces artistes étrangers était d'avoir des places et des fonctions, de gagner de l'argent (1), des titres, et des honneurs. Dans les circonstances et situations, où nos maistres maçons-tailleurs de pierre auraient quitté

(1) — « J'ai appris que vous m'avez escamoté une commande que j'avais conquise par d'admirables travaux. »

— « Eh quoi ! Benvenuto, répliqua le Bologna (Primatice), chacun cherche à faire des affaires par tous les moyens possibles. » *Vie de Benvenuto Cellini par lui-même*, traduction Franco, page 432.

Photographie D. Richard.

Phototypie Berthaud.

FAÇADE MÉRIDIONALE DE LA CATHÉDRALE DE BEAUVAIS

résolument la place, les « deviseurs de plans », les « faiseurs de pourtraictz » accep-
taient avec empressement une situation qui, en réalité, était fort subalterne. Pour
expliquer et justifier un seul cas d'une apparence de collaboration dans la construction d'un édifice, le château de Madrid, au Bois de Boulogne, d'après les « Comptes
des Bâtiments du Roy », il a été imaginé cette thèse historique, qui, aujourd'hui,
est infirmée complétement par les révélations des archives sur la condition véritable des « maistres maçons » pendant la Renaissance, sur les œuvres d'art mer-
veilleuses qu'ils ont créées de toutes pièces, par leur propre génie, sans aucune intervention étrangère : « Jérôme della Robbia était l'artiste créateur, l'homme de génie
« et de goût; Pierre Gadier, le maître maçon, ouvrier soumis, mais, en réalité, le
« véritable constructeur ; et, si, dans cette association entre deux hommes diver-
« sement doués, l'art est d'un côté, le métier de l'autre, il est possible cependant d'en-
« trevoir et de définir l'espèce de compromis qui s'établit entre eux. Jérôme della
« Robbia, livré à sa seule imagination, eût donné aux arcades de ces deux étages
« une ligne suivie sans interruption et à ses appartements une communication au
« moyen d'un large escalier; Pierre Gadier, au contraire, coupa cette longue façade
« de quatre-vingts mètres de développement en trois corps de bâtiments, au moyen
« de pavillons qui, montant de fond, présentaient à l'œil leurs surfaces lisses
« comme point d'arrêt et de repos, faisant mieux ressortir la richesse des parties
« ornées, servant aussi de cages à de nombreux escaliers, dits vis de St Gilles,
« restes des joujoux de nos architectes du Moyen âge. » (1) Il y a contradiction
de raisonnements entre les deux parties de cette thèse. L'« ouvrier soumis » de la
première nous est présenté, dans la seconde, comme un maître singulièrement indé-
pendant et autoritaire, bouleversant, pour ainsi dire, de fond en comble, les plans
de l'« homme de génie », qui accepte bénévolement cette association lui réservant des
mécomptes aussi facheux, aussi humiliants. On ne comprend guère, en outre, l'obs-
tination apportée à attribuer une œuvre d'architecture, aussi importante que l'était
le château de Madrid, à un artiste qui ne fut qu'un « tailleur d'ymaiges et esmail-
leur », comme il est qualifié constamment dans les « Comptes des Bâtiments du
Roy », qui n'a jamais rien bâti ni dans son pays, ni ailleurs, alors que Pierre Gadier
était un « maistre maçon-tailleur de pierre », suivant la qualification qu'on lui
donne toujours dans les documents officiels, qui avait travaillé, la veille, à l'aché-

---

(1) De Laborde, *Le château du Bois de Boulogne*, page 25.

vement de la cathédrale de Tours, avec le titre de « maistre de l'œuvre de l'église » (1);
par conséquent un véritable architecte, au sens actuel du terme, ayant fait ses
preuves de haute maîtrise, et qui était en pleine période de talent et d'activité. La
même thèse a été appliquée partout, et de la même façon, pour nombre de constructions d'édifices, l'Hôtel de ville de Paris, par exemple, où se trouvent en présence, dans les mêmes circonstances et dans les mêmes conditions, un « deviseur
de plans » italien, Dominique de Cortone, dont les défenseurs, les plus tenaces et
les plus intransigeants, sont impuissants à découvrir une œuvre architecturale
quelconque, et Pierre Ier Chambiges, l'architecte, incontestable et unique,
des châteaux de Chantilly, de Saint-Germain en Laye, de la Muette dans la
forêt de Saint-Germain, et de Challuau, près de Moret.

On n'a point suffisamment fait remarquer qu'à l'exception de Léonard de
Vinci, de Solario, et de Benvenuto Cellini, les artistes italiens qui vinrent spontanément en France, ou y furent appelés par Charles VIII, Louis XII, et François Ier, Jean Joconde, Dominique de Cortone, le Rosso, le Primatice, Serlio, etc.,
n'étaient que des « deviseurs de plans », des peintres ou des sculpteurs de second
ordre, dont les talents, la situation, le renom, et l'influence en Italie n'avaient rien
d'exceptionnel, et n'en faisaient point des chefs d'école. Ils ne le devinrent qu'en
France et leurs élèves ne furent guère que des italiens obscurs, J.-B. Bagnaca-
vallo, Ruggieri, Damien Barbieri, Nicolo dell' Abatte, François Caccianemici, etc,
qu'on fit venir pour mettre en peintures leurs dessins et esquisses de décoration
du château de Fontainebleau et de quelques autres châteaux particuliers. Le Primatice, lui même, n'avait-il pas été un de ces praticiens? Mariette, dans son « Abecedario » (2), signale le fait, d'après l'historien italien Malvasia : « Le Guide et l'Albane
« asseuroient avoir veu une lettre de François Caccianemici, de Bologne, élève du
« Primatice, — il estoit en France lors de la mort de Rosso, — où il racontoit, à un de
« ses parents, la mort funeste de Rosso d'une manière fort différente de celle qu'a
« rapporté Vasari. Il y disoit que le Rosso, pour se faire valoir davantage, deman-
« doit avec empressement quelqu'un qui pût le seconder dans le nombre prodi-
« gieux de tableaux qu'il avoit à conduire, mais que lorsqu'il vit le Primatice arrivé,
« pour cet effet, d'Italie, il en conçeut tant de jalousie qu'il persuada à François Ier

(1) Minute de notaire, en date du 11 mai 1527, citée par LÉON PALUSTRE, *La Renaissance en France*,
8e livraison, page 184.

(2) MARIETTE, *Abecedario*, tome 5, page 17.

« de l'envoyer à Rome pour y acheter des statues antiques et mouler celles qui y
« étaient en réputation ; que cependant le roy, ayant paru mécontent de
« quelque ouvrage de Rosso, et luy ayant dit que le Primatice aurait beaucoup
« mieux fait et qu'il fallait absolument le rappeler de Rome, il en prit tant
« de chagrin qu'étant retourné chez lui il prit du poison et mourut ainsy de
« désespoir. » Benvenuto Cellini a conté qu'il voulut, un jour, tuer le Primatice pour
le tour qu'il lui joua de s'approprier une commande du roi. Cette colonie artistique
de Fontainebleau ne brillait point par l'union et la fraternité de ses membres.

Dans ses « Contes d'Eutrapel, » le spirituel chroniqueur normand Noël du
Fail a mis en plaisant parallèle les deux types du « deviseur de plans » et du
« maistre des œuvres », au congrès de Châteaubriant, organisé, en mai ou juin
1532, par Jean de Laval, pour délibérer, sous la haute présidence de François Ier,
à ce moment l'hôte du gouverneur de Bretagne, sur les plans du nouveau château,
qu'il avait entrepris de construire à côté de la vieille forteresse féodale. François Ier
avait invité à l'accompagner le Rosso, qui représentait ainsi les doctrines artistiques ultramontaines ; le champion des « maistres maçons-tailleurs de pierre »
était maître Pihourt, maitre des œuvres de la cathédrale de Rennes :

« Quand Pihourt, maçon de Rennes, monté sur sa jument, botté de foing,
« çeinct sur sa grande robe, et le chapeau bridé, allant à Château-Briant pour
« l'édifice d'un beau château, ouyt les grands ouvriers de toute la France illec
« mandez et assemblez, qui n'avaient autres mots en bouche que frontispices, piedes-
« tals, obélisques, coulonnes, chapiteaux, frizes, cornices (corniches), soubasse-
« ments, desquels il n'avoit onc ouy parler, il fut bien esbahy ; et, son rang venu
« de parler, — eux attendans quelque brave desseing, — leur dict, payant en mon-
« noy de singe : estre d'advis que le bastiment fust faict en franche et bonne matière
« de piaison (liaison) compétente selon que l'œuvre le requeroit. S'estant retiré, fut
« de toute l'assemblée jugé pour un très grand personnage, qu'il le faloit ouyr plus
« amplement sur cette profonde résolution qu'ils ne pouvoient assez bien com-
« prendre, et qu'il sçavoit plus que son pain manger. Mais le paillard, demeurant
« en sa victoire, se retira, disant ne se pouvoir achommer (ne pouvoir rester sans
« rien faire) davantage, et que les manches du grand bout de cohue ne pourroient
« aller de droict fil sans luy et selon l'équipolation de ses hétéroclites. Ce qui les
« estonna encore plus, ne sçachans ce qu'il disoit, et de là est venu ce soubriquet :
« résolu comme Pihourt en ses hétéroclites. »

L'organisation des services administratifs et techniques dans les chantiers des « Bâtiments du Roy » était fort compliquée aux XV⁰ et XVI⁰ siècles. Cette complication a beaucoup contribué à accréditer les fausses légendes des attributions de ces bâtiments à des étrangers, au détriment de ceux qui, seuls, les ont construits : les « maistres des œuvres de maçonnerie » français.

Au sommet de la hiérarchie sont les fonctionnaires chargés des « ordonnances, roolles, prix, et marchés ». Pendant le règne de François I⁰ʳ, Nicolas de Neufville, chevalier, sieur de Villeroy, trésorier de France; Philbert Babou, seigneur de la Bourdaizière; Jean de la Barre, chevalier, comte d'Estampes, vicomte de Brédiers, baron de Veretz, conseiller et chambellan ordinaire, prévost et bailli de Paris; Pierre de Balsac, chevalier, seigneur d'Antragues, occupèrent ces hautes et lucratives fonctions, qui n'étaient point exclusivement financières, mais peuvent être assimilées à celles de véritables surintendants des arts, par les avis et conseils que leurs titulaires avaient constamment à donner sur toutes les questions d'architecture, de décoration, et d'ameublement, concernant les Batiments du Roy, sur tous les travaux et les œuvres d'art commandés ou achetés par le souverain, les reines, et les favorites. Ils étaient aussi chargés des relations directes, au nom du roi, avec les nombreux artistes, de tous métiers, entretenus, pour son service personnel, à Paris et à Fontainebleau.

Ainsi, dans son autobiographie, Benvenuto Cellini consacre un chapitre spécial à « Monseigneur de Villeroy » à propos des démêlés qu'il eut avec le secrétaire de François I⁰ʳ, pendant son séjour en France. « Ce Villeroy, dit-il, était exces-
« sivement riche : il parlait avec lenteur, et, sous un extérieur plein de gravité et
« de distinction, il cachait un ésprit subtil et une habileté extraordinaire en toutes
« choses. Rien ne lui avait coûté pour me nuire, mais il avait soin de ne pas le
« laisser voir. » A la suite des incidents désagréables de sa prise de possession du Petit Nesle que le roi lui avait assigné pour logement et ateliers, en butte à l'hostilité violente du prévôt de Paris, qui prétendait avoir seul le droit d'occuper ce château, et voulait l'en expulser « manu militari », l'artiste italien était allé supplier François I⁰ʳ de l'établir ailleurs. Il conte ainsi son entrevue avec le roi :
« Qui êtes-vous ? s'écria-t-il, et comment vous nommez-vous ? Ma stupéfaction fut
« complète, je ne savais ce que cela pouvait signifier. Comme je ne soufflais mot,
« le roi, presque en colère, me répéta les mêmes demandes. Je lui dis alors que je
« m'appelais Benvenuto. « Eh bien ! répliqua le roi, si vous êtes ce Benvenuto

« dont j'ai entendu parler, agissez selon votre coutume, je vous en donne pleine
« liberté. » Je répondis à Sa Majesté que, du moment qu'elle me promettait la
« conservation de ses bonnes grâces, je ne m'inquiétais nullement du reste. Allez
« donc, reprit le roi, en riant sous cape, mes bonnes grâces ne vous manqueront
« jamais. » Puis il enjoignit à son premier secrétaire, nommé Monseigneur de
« Villeroy, de veiller à ce qu'on me pourvût de tout ce qui m'était nécessaire. Ce
« Villeroy était intime ami du prévôt, à qui avait appartenu le Petit Nesle...; il
« me conseilla d'y renoncer et de chercher une autre habitation, attendu qu'il
« appartenait à un homme qui, à coup sûr, me ferait tuer. Je lui répondis que
« j'étais venu d'Italie en France pour servir mon illustre maître. Quant à mou-
« rir, ajoutai-je, je sais qu'il faut passer par là : que ce soit un peu plus tôt, un
« peu plus tard, je ne m'en soucie guère »... Ce Villeroy... me détacha un autre
« gentilhomme qui était trésorier du Languedoc, et se nommait monseigneur de
« Marmagne... »

Nous trouverons, un jour, en 1530, Nicolas de Neufville à Chantilly, où
Anne de Montmorency, qui a grande confiance en ses connaissances architecturales
et en son goût artistique, l'a envoyé pour lui rendre compte de l'état des travaux, et
lui donner son opinion sur l'œuvre de Pierre Ier Chambiges. Le trésorier de
France, dépeint sous un aspect si grave par le sculpteur italien, rendra compte
de son inspection par une lettre fort humoristique (1), dans laquelle il est à
la fois question du vieux père du Grand maître, « rajeuny, ayant bon visage et
bonne couleur »; de sa femme Madeleine de Savoie, « grosse de bien bonne sorte,
dormant, buvant et mangeant bien »; de la galerie « qu'il faict très bon voir »;
de la héronnière « fort belle et bien assise »; et des vins tant du Languedoc, de
Tournon que de Bourgogne... qu'il a bus, et à propos desquels il fait ce piquant
aveu : « Je les ay trouvez très bons et en ay esté trompé; car je ne demandoiz que
« de purs vins et n'y mettoiz guère d'eau au commencement; mais à la fin j'ay
« esté contrainct d'y pourvoir. »

Puis viennent les fonctionnaires chargés de veiller aux dépenses, de faire
les payements, suivant les « ordonnances, roolles, etc. ». Au-dessous d'eux, se
trouvent les fonctionnaires chargés du contrôle, qu'on pourrait désigner exactement par le titre moderne d'inspecteurs généraux, d'inspecteurs divisionnaires,

(1) Bibliothèque nationale, lettre citée par GABRIEL MACON, *Les architectes de Chantilly au
XVIe siècle*, pages 12—13.

ou d'inspecteurs à résidence. Les lettres patentes, par lesquelles François Ier, à la date du 27 décembre 1541, nomme à la première de ces fonctions Sébastien Serlio, en font connaître les attributions : « à cause de son dit estat de nostre « peinctre et architecteur ordinaire au fait de nos dits édilfices et bastimens audit « Fontainebleau, auquel nous l'avons pourvu, retenu, et outre et par dessus « iceux gages (400 livres par an), lui payez les journées qu'il pourra vacquer à « la visitation de nos autres édiffices et bastimens que nous lui avons verballe- « ment commandé visiter aucunes fois. » Sous Henri II, Philibert de l'Orme, et Jean Bullant remplirent des fonctions analogues; le premier sous la mention « commis par le roy sur le faict des bastimens et édiffices, » et le second « avec le titre de « contrerolleur des Bastimens du Roy. »

Les inspecteurs à résidence avaient pour mission : « assister, résider et « estre présent au dit lieu... et avoir par luy l'œil, regard, et superintendance à « faire bien et dûment, promptement et dilligemment, besongner les maçons, « couvreurs, plombiers, serruriers, menuisiers, vitriers, jardiniers, manouvriers, « et autres personnes besongnant auxdits ouvrages, en manière qu'ils puissent « estre faicts et accomplis le plus tost que faire ce pourra. » (1) Parmi ces derniers fonctionnaires, il faut citer Pierre Paule, dit «l'Italian», concierge du château de Moulins, Pierre des Hostels, et Florimond de Champeverne, valets de chambre ordinaires du roi.

La direction des travaux techniques se détermine par le terme « maistre des œuvres de maçonnerie ». Guillaume Le Roussel, le maître maçon qui a bâti la cathédrale de Coutances, caractérisait pittoresquement l'importance et la supério- rité de cette fonction, en écrivant, dans le registre des comptes de cet édifice, à la suite de son nom, cette fière déclaration professionnelle : « maistre après Dieu de l'église de céans ». Le « maistre des œuvres de maçonnerie » dirigeait exclusive- ment, au point de vue du double métier, les chantiers de construction et de taille de pierre, dont les ouvriers étaient fort souvent recrutés et payés directement par lui.

Exceptionnellement, en raison de l'importance des travaux à diriger, il rece- vait le titre de «maistre général des œuvres de maçonnerye du roy »; par exemple, Gilles le Breton, à Fontainebleau. Les travaux étaient reçus définitivement par

---

(1) Lettres patentes, en dates des 3 décembre 1528 et 25 décembre 1540, accordées à Pierre Paule et Florimond de Champeverne pour Fontainebleau, Livry, Boulogne, et Saint-Germain-en-Laye.

des « maistres maçons jurés du roy en l'office de maçonnerye », assistés d'un fonc-
tionnaire qui fut, presque toujours, sous François Ier, Pierre Des Hotels.

Dans la construction du Nouveau Louvre, toutefois, cette organisation fut très
simplifiée. Pierre Lescot réunit en sa personne ces nombreuses et diverses fonctions.
Les lettres patentes qui lui furent accordées à ce propos en sont le témoignage :
« François, par la grâce de Dieu, roy de France, à nostre cher et bien amé
« Pierre Lescot, seigneur de Claigny, salut et dilection. Par ce que nous avons
« délibéré de faire bastir et construire en nostre chatel du Louvre un grand corps
« d'hostel, au lieu où est de présent la Grande Salle, dont nous avons fait faire les
« dessins et ordonnances par vous, duquel nous avons advisé d'en bailler la totale
« charge, conduicte et superintendance, à cette cause soit besoin de vous faire
« expédier vos lettres de pouvoir en tel cas requises ; pour ces causes, confians à
« plein de votre personne et de vos sens, suffisance, loyauté, prudhommie et bonne
« expérience au fait d'architecture, et grande diligence, et ainsy que vous avons
« amplement déclaré nostre vouloir et intention sur le fait desdits bâtiments, au
« moyen de quoy sçaurez, autant bien que nul autre, conduire et vous acquitter de
« la dite charge à nostre gréz et contentement ; nous avons commis et députté,
« commettons et députtons, et vous avons donné et donnons plain puissance, autho-
« rité, charge et mandement spécial par ces patentes, de ordonner du fait des dits
« bastiments et ediffices que avons ordonné estre fait en nostre chatel du Louvre,
« et autres que pourrons faire construire cy après en nostre ville de Paris ; en faire
« conclure et arrester les pris et marchez avec les maîtres maçons, charpentiers,
« tailleurs, menuisiers, victriers, et tous autres artisans et gens de mestiers que
« requis en sera pour les ouvrages qu'il y conviendra faire ; iceux contraindre de
« faire leur devoir et à nous servir de leur mestier, selon ce que aurez convenu avec
« eux, et qu'ils y seront obligés ; aussy de ordonner tant des frais des dits bastimens,
« voictures nécessaires à iceulx, que de tous autres frais licites et convenables pour
« le fait et nécessité d'iceux meublemens, ornemens et décorations qui y seront
« décentes et requises ; iceux frais faire payer aux personnes, à mesure qu'ils ont
« gaigné et desservy. »

Ce traitement de faveur, exceptionnel pendant toute la Renaissance, était
sans doute aucun, motivé par la haute situation personnelle de Pierre Lescot, conseiller au Parlement de Paris, seigneur de Lissy et de la Grange du Martroy du
chef de son père, seigneur de Claigny par sa mère, en possession d'une grande for-

tune, et qui ne faisait de la pratique de l'architecture ni un métier ni une profession, mais s'en occupait en gentilhomme amateur des arts.

Aux Tuileries, Catherine de Médicis avait organisé une administration particulière : Philibert de l'Orme, qui en avait donné les plans, était maître des œuvres; Pierre de Gondy, évêque de Paris, intendant du bâtiment. Marie de Pierrevive, dame du Perron et d'Armentières, femme d'Antoine de Gondy, frère du précédent, « commise par la majesté de ladicte dame à la construction du bastimens du pallais des Thuilleries », passait les marchés avec les entrepreneurs, et faisait rapports fréquents à sa maîtresse sur l'état d'avancement des travaux. La reine avait, en outre, institué un conseil de dames sur le fait de l'aménagement et de la décoration de l'édifice, dont elle s'occupait elle-même très activement.

L'immixtion permanente des représentants du souverain dans l'organisation et le fonctionnement des chantiers royaux explique les difficultés, parfois insurmontables, que rencontrent les historiens d'art dans leurs recherches des auteurs des plans, lorsque les marchés, devis, quittances des gages et salaires ont disparu. Les maitres des œuvres de maçonnerie en étaient rabaissés, administrativement, à un rôle fort modeste et relativement subalterne, qui ne leur permettait guère de parvenir aux honneurs et à la renommée. Les faveurs, les places, les titres honorifiques se trouvaient réservés à ceux qui approchaient le souverain et les princes, soit les hauts fonctionnaires des « Batimens du Roy », et surtout les étrangers comme frère Jean Joconde, Sébastien Serlio, Dominique de Cortone, le Rosso, le Primatice, etc., médiocres artistes qui, suivant la piquante observation de Philibert de l'Orme « pour leurs beaux pourtraictz et je ne sçays quelle ténacité accompagnée « d'un grand nombre de paroles et d'arrogance déçoivent les hommes crédules et « se persuadent et promettent incontinent estre les princes du monde et avoir mé« rité d'estre réputez grands architectes »; mais forts habiles courtisans, beaux parleurs, doués de talents mondains appréciés (1), ce que n'étaient point assurément nos maîtres maçons, anciens ouvriers, ne sachant, le plus souvent, ni lire ni écrire, qui aimaient mieux vivre constamment sur leurs chantiers, avec leurs compagnons et leurs apprentis, que fréquenter la Cour, escorter le roi et les seigneurs.

(1) «L'accueil que François Ier faisait à tous les habiles gens et surtout aux artistes qui se distinguaient » dans leur profession, engagea Mathieu del Nassaro à passer en France. Il y porta plusieurs de ses « ouvrages qu'il présenta au roi; il eut aussi l'honneur de jouer du luth devant ce prince; et François Ier, » qui se connaissait en mérite, lui assigna d'abord une pension dans l'espérance qu'il pourrait retenir à » son service un homme aussi estimable » : MARIETTE, «*Abecedario*,» tome VI, page 224.

FAÇADE SEPTENTRIONALE DE LA CATHÉDRALE DE BEAUVAIS

Pour les travaux des édifices municipaux, le personnel était moins nombreux que dans les « Batimens du Roy ». A Paris, il comprenait : un maître des œuvres de maçonnerie, un maître des œuvres de charpenterie, et un contrôleur chargé de « faire besoigner et haster les ouvriers, de faire registre du déffaut des « maistres des œuvres de maçonnerie et charpenterie à l'exercice de leurs com- « missions, selon les temps, jours et heures qu'ils auront failly de servir »(1) ; tous les quatre placés sous le haut contrôle administratif du Bureau de la Ville, formé par le Prévôt des marchands et les Echevins, qui s'occupaient, avec la plus grande activité, et une sollicitude constante, de toutes les questions d'architecture.

Dans la construction des édifices religieux, l'organisation des travaux apparaît relativement assez simple. La gestion des finances est toujours réservée au Chapitre, qui perçoit les subsides royaux, les dons, les aumônes, et les produits des indulgences, spécialement affectés à l'œuvre. Des délégués, choisis parmi ses membres, sont chargés de surveiller les ouvriers, de tenir l'état des dépenses diverses pour achats de matériaux et de matériel, pour payements de gages et salaires. En certains endroits, le Chapitre, continuant la tradition des chefs des grands ordres religieux d'autrefois, Cisterciens et Clunisiens, des prieurs d'abbayes tels que Suger, prenait en mains la direction technique des chantiers, dressait, avec le maître des œuvres, les devis et marchés, visitait les carrières et les forêts pour les pierres et les bois de charpente, passait directement les contrats de livraisons avec leurs propriétaires, fournissait aux tailleurs de pierre, aux imagiers les sujets de la sculpture ornementale, de la statuaire, et s'employait activement et régulièrement à la « conduite de l'ouvrage », au mesurage des pierres, etc., etc. (2).

Les maîtres des œuvres étaient eux-mêmes le plus souvent les entrepreneurs des constructions dont ils avaient donné les plans, aussi bien pour les « Bâtiments du Roy » que pour les édifices religieux, et les châteaux des grands seigneurs. Les exemples de cette double fonction sont fort nombreux aux XV° et XVI° siècles. Ainsi, à Gaillon, Guillaume Senault recevait du cardinal d'Amboise, « pour son travail manuel et son regard sur les ouvriers », sept sous, six deniers par jour, et,

---

(1) *Registres des délibérations du Bureau de la Ville de Paris*, tome III, page 155.

(2) Desjardins, *Histoire de la cathédrale de Beauvais*, 1864 ; *passim*. Pigeotte, *Étude sur les travaux d'achèvement de la cathédrale de Troyes, de 1450 à 1610 ; passim.*

était payé tous les samedis, en même temps que les ouvriers : ce qui est le salaire normal du maître maçon-tailleur de pierres, dirigeant l'exécution de ses plans, tout en mettant la main à la besogne. Vers le même temps, il prenait à l'entreprise les travaux de construction des cuisines du château, avec deux autres maîtres maçons, Pierre Fain et Jehan Fouquet, moyennant sept livres et dix sols tournois par toise (3o francs) (1) : ce qui est le fait d'un entrepreneur ordinaire. Pierre Delorme, qui a donné les plans et dirigé la construction du corps de bâtiment faisant face à celui de Guillaume Senault, passait un marché « de faire et tailler à l'antique et à la « mode françoise, de pierre de Vernon, les entrepiez qu'il fault à asseoir les médail- « les baillées par messire Pagueni, icelles asseoir soulz la terrace du grand corps « d'hostel, livrer toutes matières moiennant huit livres tournois (32 francs) pièce, « qui en sera paié avec dix livres tournois (40 francs), oultre les vııı livres (32 francs) « pour entrepiez ». Ce marché est celui d'un maître maçon-sculpteur ou tailleur de pierre, travaillant et faisant travailler pour son compte dans un atelier particulier. Anne de Montmorency avait adopté cette forme d'entreprise de travaux pour le château de Chantilly, comme en témoigne une série de quittances d'un type uni- forme, ainsi rédigé : « Je, Pierre Chambigez, maçon tailleurs de pierres, demeurant « à Paris, confesse avoir eu et receu de monsigneur le grant maistre, et mari- « chal de France, la somme de..... livres tournois par les mins de noble homme « Pierre de Garge, quapitaine et resceveulx de Chantilly, sus et etem moins des « ouvrages de mon dict métier que je fais et fais faire au dict chastel de Châtilly, « de la quelle somme..... je promés tenir bon contes à mon dict sieur, témoins mon « sine sy mis..... Pierre Chambigez. » A Fontainebleau, Gilles le Breton exécu- tait lui même à l'entreprise « les ouvrages de maçonnerye et taille » des construc- tions dont il avait donné les plans et dressé les devis. Dans « l'Instruction de M. d'Ivry », qui est son autobiographie, Philibert de l'Orme déclare qu'il vérifia, en qualité de « contrôleur des Bâtimens du Roi », les travaux exécutés par Gilles le Breton, le « maçon de Fontainebleau » comme l'appelle ironiquement Sébastien Serlio ; et il se vante de lui avoir fait reverser de fortes sommes indûment payées.

Ces exemples, auxquels pourraient être ajoutés beaucoup d'autres, infirment

(1) Au xvıe siècle, la monnaie courante était l'écu d'or ou soleil, la livre tournois ou parisis, divisée en sous et en deniers. 1 livre tournois valait 20 sous : 1 sou valait 12 deniers. L'écu d'or ou soleil variait de 1 livre 16 sous à 2 livres 5 sous. Par comparaison avec la monnaie d'aujourd'hui, on peut, d'après les études spéciales de E. Levasseur et G. d'Avenel, évaluer comme suit l'étalon moyen de celle du règne de François Ier : 1 écu d'or = de 7 à 9 francs ; 1 livre = 4 francs ; 1 sou = 20 centimes ; 1 denier = 1 cent. 66.

définitivement les hypothèses et les théories inventées par les défenseurs de la fausse légende de la Renaissance française faite par des artistes italiens: que les noms des maîtres des œuvres qui figurent dans les « Comptes des Batiments du Roy », et dans les « Registres des déliberations du Bureau de la Ville de Paris », « pourraient bien n'avoir été que des entrepreneurs, exécutant les plans ou les dessins fournis « par d'autres (1) ; et qu'on « peut être certain que François I�er a remis à divers « maîtres d'œuvres pour être exécutés des « pourtraictz » qu'il avait fait dessiner par « toutes sortes d'artistes, pour les palais si différents de style de Chambord, de « Madrid, de Saint-Germain-en-Laye, et de Fontainebleau » (2).

Le terme « maistre des œuvres » n'implique point nécessairement la paternité des plans de l'édifice; il s'applique fréquemment à de simples chefs de chantiers, sous la direction supérieure d'un maître maçon, auteur de ces plans, retenu ailleurs par d'autres travaux. C'est ainsi que les transepts et les façades latérales des cathédrales de Sens, de Senlis, de Beauvais, la façade principale de la cathédrale de Troyes ont été attribués faussement à des maîtres des œuvres qui n'étaient que des seconds ou des suppléants de Martin Chambiges. Les comptes de l'église de Brou révèlent même un contrôleur des travaux du nom d'Etienne Chevillard, secrétaire ducal, et membre de la municipalité de Bourg, qui, sans être maçon ni tailleur de pierre, avait le titre de « maistre des œuvres » de l'édifice que Marguerite d'Autriche faisait élever à la mémoire de son mari, Philibert le Beau, duc de Savoie. Un compte des travaux faits dans la cathédrale de Reims, daté du 3 décembre 1505, contient la mention des noms de Pierre Vignon et Nicolas de Villers, chanoines, avec le titre de « maistres des œuvres de la dite église » chargés d'en visiter les travaux (3). En 1698, dans un traité relatif aux réparations d'une église dépendant du domaine du Chapitre de la cathédrale de Reims, figurent les noms de deux chanoines, Jean Godinot et Jacques Gobelin, avec la qualification de « maistres des ouvrages » (4). Une quittance, en date du 31 Octobre 1516, donnée « par le procureur et receveur de MM. les doyen, chanoines et Chapitre de l'église « Monseigneur Saint-Estienne de Bourges » au grenetier du grenier à sel de Louviers d'une somme de 40 livres, 8 sous, 40 deniers tournois, en conséquence du don fait par le roi au susdit Chapitre, pendant quatre années consécutives, de

(1) *Histoire de France*, publiée sous la direction de E. Lavisse, tome V par Lemonnier, page 317.
(2) Charvet, *Edifices de Brou*, page 257.
(3, 4) Archives de Reims : collection Tarbé.

deux deniers oboles à prendre pour chaque minot de sel sur son droit de gabelle dans tous les greniers de la généralité de Normandie, pour « convertir et employer « ces sommes en la réparacion et réédiffication de la dicte église de Bourges, « vouttes et portail d'icelle, et non ailleurs » est signée : « Claude Motier, vicaire et maistre de l'œuvre de l'église » (1).

La plus grande prudence s'impose donc dans les déductions à tirer de la mention du titre « maistre des œuvres » à la suite d'un nom de maître maçon, ou de toute autre personne figurant dans des comptes de construction d'édifice.

D'autres causes d'obscurités, d'incertitudes, de confusions, et d'erreurs dans les recherches des auteurs des plans d'édifices civils ou religieux proviennent des mesures extraordinaires que prenaient les municipalités, les chapitres, et les grands seigneurs pour assurer la parfaite rédaction de ces plans, et leur exécution irréprochable. Une construction importante était-elle décidée, on organisait aussitôt de véritables congrès de personnages experts et compétents, maîtres maçons-tailleurs de pierre, maîtres des œuvres de maçonnerie, maîtres maçons jurés du roy en l'office de maçonnerie, ingénieurs, et amateurs d'art, pour en donner leur avis et conseils, souvent par écrit. Par exemple, en 1499, au mois de novembre, lorsque le Bureau de la Ville de Paris eut résolu de faire reconstruire le Pont Notre-Dame qui s'était écroulé l'année précédente, il ordonna aux « commis au gouvernement « de la dite Ville d'envoyer quérir des maîtres maçons, tant à Orléans, Tours, Am- « boise, Lion, Amyens, Nantes, que autres villes et lieux où on sçaura que sont les « meilleurs ouvriers de maçon en ouvraiges de pont (2). » Deux semaines après, il y eut, en une chambre du Palais de la Cité, une réunion de nombreux personnages, les présidents du Parlement et de la Cour des Comptes, des conseillers du roi, l'évêque de Paris, les échevins, et cinq maîtres maçons, tous maistres des œuvres de quelque ville de France. Les débats terminés, il fut commandé à ces maîtres maçons « qu'ils facent ung gect et pourtraict de la façon d'icelluy pont de pierre » (3). Puis, le 8 avril suivant, messire Jehan de Doyac, et maître Collinet de la Chesnaye, ayant été « ordonnez à la superintendance sur l'ouvraige », Didier de Félin, Colyn Byart, et André de Saint-Martin désignés comme « maistres des œuvres en l'édiffice du dit pont », il fut tenu une réunion de onze « maistres maçons-tailleurs de pierre », convoqués en vue de « bailler par escrit leur advis et oppinions de ce qu'on

---

(1) Archives de Reims : collection Tarbé.
(2, 3) SAUVAL, *Histoire et recherches des antiquités de la Ville de Paris*, 1733, tome I, page 230.

« doit faire pour seurement besoigner en l'édiffice du dit pont (1) ». Le 6 juillet, se réunissaient de nouveau, en la chambre du Conseil, au Palais, de nombreux personnages, les commis au gouvernement de la Ville de Paris, les maistres des œuvres du pont, et plusieurs autres maçons-tailleurs de pierre de Paris pour délibérer sur la construction du pont. A cette séance, apparaît pour la première fois « frère Jean Joyeulx », ou frère Jean Joconde. Le « deviseur de bâtimens » italien eut un différend sur la question de la hauteur des arches, avec maître Didier de Félin et les maîtres maçons; alors, il fut « ordonné aus d. parties qu'ils facent d'une part et d'autre ung pourtraict du d. pont, icceluy veu en estre ordonné ce que de raison ». Cette simple mention du nom de Jean Joconde dans des actes officiels, à côté de ceux des superintendants et des maîtres des œuvres du pont, à propos d'un incident de discussion technique, deux autres mentions pour des opérations de nivellement du tablier du pont, et de contrôle des pierres, ont suffi à quelques historiens pour lui faire attribuer la construction du Pont Notre-Dame, « le plus beau et le mieux bâti de Paris et du Royaume » (2), bien que le moine de Vérone eût quitté la France deux ans avant son achèvement.

Le cardinal Georges Ier d'Amboise, qui fut un grand bâtisseur à Amboise, à Gaillon, et à Rouen, faisait constamment visiter les travaux de ses bâtiments, ici et là, par Colyn Biart, maître maçon de Blois; il appelle, en septembre 1506, Guillaume Senault à Rouen, pour qu'il donne son avis sur la construction de la Tour de beurre de la cathédrale, ce qui lui valut, peu de temps après, une mission analogue pour la tour neuve de l'église Saint-Etienne, à Bourges. Pierre Valence, fameux maître maçon, fort expert en plusieurs autres métiers du bâtiment, joue fréquemment au château de Gaillon le même rôle de visiteur et de conseil.

Enfin, la principale difficulté pour résoudre les problèmes d'attribution des œuvres d'architecture de notre pays vient du silence, systématique et obstiné, gardé sur leurs auteurs par les historiens et les chroniqueurs du temps où elles étaient créées. Certainement, si Philibert de l'Orme n'avait point eu l'esprit d'écrire lui-même sa vie, de dresser l'inventaire de ses constructions, il serait aussi méconnu que les le Breton, les Métezeau, Pierre Gadier, Pierre Trinqueau, Guillaume Senault, etc., qui avaient son génie; et l'on ne saurait de qui étaient Anet et les

---

(1) *Registres des délibérations du Bureau de la Ville de Paris*, tome 1, *passim*.
(2) Sauval, *Histoire et recherches des antiquités de la Ville de Paris*, 1733, tome 1, page 230.

Tuileries. En Italie, au contraire, il s'est trouvé, au moment opportun, à la fin de la Renaissance, quand elle eut produit ses grands artistes et ses grandes œuvres, un écrivain passionné pour la gloire de son pays, Vasari, qui recueillit avec soin et publia avec enthousiasme les documents, les traditions, et les légendes leur assurant l'immortalité de l'histoire. Et, il en a suffi qu'une demi-douzaine d'artistes, d'un talent très secondaire, soient venus chez nous chercher fortune, pendant la floraison merveilleuse de notre Art national, pour que, dans l'ignorance, sinon dans le mépris, où nous étions nous-mêmes de ceux qui avaient fait exclusivement la Renaissance française, on ait immédiatement glorifié ces étrangers de toutes les merveilles architecturales de notre pays.

Puisse cette étude historique contribuer à faire revivre les noms des architectes de génie, Martin et Pierre 1er Chambiges, si longtemps ensevelis sous la poussière des archives; et, ainsi, seront réparés, dans la mesure du possible, les dénis de justice dont le second particulièrement a été victime, puisque sa création capitale, l'Hôtel de Ville de Paris, a été, pendant près de trois siècles, attribuée, sans protestations, à un de ces « deviseurs de plans » italiens, le Boccador.

LES CHAMBIGES

Une famille de treize "maistres maçons-tailleurs de pierre".
Les Guillain. Les de Damas ou de Soissons.
Inventaire sommaire de leurs œuvres.

De toutes les grandes familles d'architectes que compte l'histoire artistique de la Renaissance française, les du Cerceau, les de l'Orme, les Métezeau, les le Breton, les François, les Hermel, les Grappin, les Leroux, les Senault, les Jacquet, les Lemercier, les Chambiges, etc., c'est cette dernière qui, en filiation directe ou par alliances matrimoniales, réunit le plus d'artistes. Ils sont au nombre de treize, tous corporativement « maîtres maçons-tailleurs de pierre », et « maîtres des œuvres de maçonnerie ». Pendant près d'un siècle et demi, ils ont exercé, les uns avec gloire, et tous avec honneur, la profession d'architecte, au sens le plus étendu du terme moderne. Leurs œuvres principales, d'une attribution indiscutable, constituent un ensemble incomparable de dix grands édifices civils ou religieux, aussi originaux qu'importants ; et quelques-unes présentent cette particularité historique, extraordinaire, d'être, les types, les plus caractéristiques, et les plus béaux de l'Art du Moyenâge à sa fin, et de l'Art de la Renaissance à son commencement.

La date et le lieu de naissance de Martin Chambiges sont encore ignorés. Il est certain que sa famille était d'origine parisienne; qu'il naquit, à Paris, et qu'il y fit l'apprentissage, le compagnonnage, et la maîtrise du double métier de maçon-tailleur de pierre. Dans les "Registres des délibérations du Bureau de la Ville de Paris", du commencement du XVIᵉ siècle, il est qualifié « maistre maçon de

Paris ». La première mention de son nom se trouve dans les comptes du Chapitre de la cathédrale de Sens, à la date de 1490. Il donna les plans du transept et des façades latérales de cet édifice; et il en dirigea pendant quatre ans, sur place, puis, ensuite, par délégation, et de loin, les travaux de construction qui durèrent près d'un quart de siècle.

Ensuite, les "Registres des délibérations du Bureau de la Ville de Paris", à la date du 8 avril 1500, signalent la présence de Martin Chambiges à une séance du Bureau, en compagnie de maistres Laurent de Bucy, Jacques de Versongne, Jehan Monard, Philippon de Fronsière, Estienne Viguier, Jehan de Félin, Jullien Mesnart, Jacques Courbet, Jehan Hernon, et Walleran Hardy, « tous maistres « massons et tailleurs de pierre », réunis « en suyvant le commandement, à eux faill « par les commis au gouvernement de la Ville, de bailler par escript leur advis et « oppinions de ce qu'on doit faire pour sérieusement et dilligemment besogner «en l'édifice du Pont Notre-Dame ». La participation du « maîstre maçon de Paris » aux études préparatoires de la reconstruction de ce pont est attestée par les mêmes documents officiels. Aux dates des 23 et 26 avril, des 6 et 11 juillet, il est mentionné diverses visites techniques, et des travaux de mesurage pour la hauteur des piles, pour la largeur des arches, faits par Martin Chambiges. Cette participation dura jusqu'à la fin de ce dernier mois, où les plans définitifs du pont furent adoptés par le Bureau de la Ville.

En ce même temps, Martin Chambiges fut appelé à Beauvais par le Chapitre de la cathédrale pour dresser les plans d'achèvement de cet édifice. Il en construisit le transept et les deux façades latérales. Ces travaux l'occupèrent particulièrement jusqu'à sa mort; et il en prit sa résidence habituelle à Beauvais.

En 1502, le Chapitre de la cathédrale de Troyes lui confia la construction, sur ses plans, de la façade principale de la cathédrale, qu'il mena de front avec les travaux des cathédrales de Sens et de Beauvais.

En 1504, Martin Chambiges était mandé par le Chapitre de Notre-Dame de Senlis pour visiter l'édifice, après un incendie qui en détruisit une partie; onze ans après, il recevait, avec d'autres maîtres maçons, la mission d'étudier sur place l'achèvement de la cathédrale; et, vers 1516, l'évêque et le Chapitre le chargeaient de cet achèvement par la construction des deux façades latérales. Après en avoir donné les plans, il fit diriger les travaux par son fils Pierre Ier Chambiges et par Jean Dizieult, maître maçon de Senlis.

Il semble qu'on peut attribuer à Martin Chambiges, en raison de leurs frappantes analogies architecturales et ornementales avec ses œuvres incontestables, la Tour Saint-Jacques de la Boucherie, à Paris; la façade de l'église Saint-Pierre, à Senlis, construite en 1515, aujourd'hui transformée en marché couvert; et les portails des églises de Marissel, près de Beauvais, et de Rumilly-les-Vaudes, dans la Champagne méridionale.

Martin Chambiges mourut à Beauvais, le 29 août 1532.

Le Chapitre de la cathédrale lui fit rendre les honneurs funèbres aux frais de l'œuvre, et ordonna son inhumation dans la nef de l'édifice, qu'il avait agrandi d'une façon si géniale.

Martin Chambiges laissait un fils du nom de Pierre, et une fille qui fut mariée à Jean de Damas ou de Soissons, maître maçon.

Le fils de Martin Chambiges, Pierre Ier, avait été emmené à Troyes par son père pour travailler sur les chantiers de la cathédrale, et faire son apprentissage de maçon-tailleur de pierre. Son nom figure pour la première fois dans les comptes du Chapitre à la date du mois de mai 1509. Il reçoit, par jour, comme salaire, quatre sous et deux deniers, ainsi que les « varlets » du maître des œuvres : Léger Chambiges, son cousin germain, et Simon de Saint-Omer. Deux ans après, en septembre 1511, Martin Chambiges ramenait son fils à Beauvais, où il l'employa aux travaux du transept de la cathédrale, sans doute pour qu'il complétât son instruction professionnelle.

En 1518, Martin Chambiges, ne pouvant continuer à diriger seul ces travaux, priait le Chapitre de lui adjoindre son fils, aux gages qu'il touchait lui-même. Par délibération en date du 19 juillet de cette année-là, le Chapitre rejeta la requête du maître des œuvres, à cause des « mœurs, jeux, vanités et boissons » du candidat. Pierre Ier Chambiges promit de s'amender; et, revenant sur sa décision, le Chapitre consentit à le prendre à l'essai jusqu'à la saint Remy, soit le 1er octobre. Combien de temps dura cette suppléance? Fût-elle même accordée à Martin Chambiges? En l'absence de tout document d'archives, on ne peut le savoir.

Pierre Ier Chambiges, comme il a été dit plus haut, fut ensuite chargé de diriger, avec le maître-maçon Jean Dizieult, les travaux de construction du transept et des façades latérales de la cathédrale de Senlis, qui sont l'œuvre de son père; cette direction se continua pendant environ sept ans.

Vers 1527, Anne de Montmorency confiait à Pierre Ier Chambiges la transformation de la vieille forteresse féodale des d'Orgemont, à Chantilly, en château de plaisance. Pendant trois ans au moins, incontestablement, Pierre Ier Chambiges se consacra à cette œuvre importante et délicate.

Pendant les années 1531 et 1532, les comptes de la cathédrale de Troyes signalent les relations professionnelles de Pierre Ier Chambiges avec le Chapitre, à propos des travaux d'achèvement de la façade principale sur les plans de son père.

A la date du 15 juin 1534, les Registres des délibérations du Bureau de la Ville de Paris font, pour la première fois, mention du nom de Pierre Ier Chambiges parmi ceux des maîtres des œuvres divers chargés des travaux de construction du nouvel Hôtel-de-Ville? L'entrée de l'architecte au service de la municipalité parisienne était-elle antérieure à cette date? On l'ignore, par suite de la disparition de la plupart des documents officiels concernant ces travaux.

Pierre Ier Chambiges donna, en 1535, les plans de l'Hôtel-de-Ville de style Renaissance, qui remplaça l'édifice gothique commencé, vers 1530, par le Boccador, et dont la construction fut interrompue sur les ordres du Bureau de la Ville, en attendant sa démolition.

« Les Comptes des Bâtiments du Roy », en l'année 1540, mentionnent le payement d'une somme importante à Pierre Ier Chambiges, pour travaux de maçonnerie exécutés aux châteaux de Fontainebleau et de Saint-Germain-en-Laye. A Saint-Germain-en-Laye, tout semble être l'œuvre de Pierre Ier Chambiges, moins le donjon et la chapelle, constructions des XIIe et XIIIe siècles. A Fontainebleau, on peut lui attribuer le Péristyle de la Cour ovale et les trois corps de bâtiment que contenait autrefois la Cour du Cheval Blanc, et dont un seul subsiste.

On trouve dans les mêmes comptes les marchés passés par Pierre Ier Chambiges pour la construction des châteaux de Challuau, près de Moret, et de la Muette de la Garenne de Glandaer, dans la forêt de Saint-Germain-en-Laye.

Le nom de Pierre Ier Chambiges se trouve mentionné dans un compte du Domaine de Paris, — 1538 et 1539, — pour « les formes et portraictz que le Roy a « commandé luy faire de certains bastimens, que le dict seigneur entend et déli- « bère en son hostel ès environ de Nesles, à Paris, pour la fondation du Collège « des Trois Langues ». Des lettres patentes, en date du 19 décembre 1539, et « l'Oraison sur le trespas du roy François » par Pierre Galland, nous font con-

naître que le collège projeté devait comprendre des corps de logis propres à recevoir plus de six cents enfants, le principal, les régents et les prêtres, une « belle et
somptueuse église »; et qu'il avait été réservé pour ces constructions une somme
de deux cent mille écus d'or au soleil.

Pierre Ier Chambiges donna aussi les plans d'une partie des fortifications de
Paris, — depuis « le boullvert ou voyrie de Montmartre jusques à celluy qui joinct
« à la rivière auprès des jardins de monseigneur de Villeroy » (1), — que le Prévot
des marchands et les Échevins faisaient élever en 1536. Les ''Registres des délibérations du Bureau de la Ville'' font de fréquentes mentions de son nom à propos
de « visitations des remparts, de la Tour Saint-Bernard, de la Tour du cardinal
Lemoigne, et autres portes et lieux circonvoisins ». Ces travaux faisaient partie des
attributions ordinaires de la fonction de « maistre des œuvres de maçonnerye et
pavement de la Ville de Paris », que remplissait Pierre Ier Chambiges.

D'après ces mêmes registres, aux dates des 15 et 16 avril 1535, Pierre Ier Chambiges fut choisi comme entrepreneur des travaux pour la transformation en voie
navigable de la rivière d'« Ousse » (Ourcq) : « Toute une série de points a esté
« demandé à Me Pierre Sambiche s'il entend bien le devis et si l'a bien veu; adict
« que cy, et qu'il l'entend bien. Interrogé si les dictz ouvrages estoient faictz selon et
« ainsi que le porte le dict devis, s'ils seroient suffizans, a dit que non, et que, de
« tout ce qui est faict, il n'y a chose de durée ni vallable; a dict qu'il entrepran-
« doit de faire tous les ouvrages contenuz au dict devis selon les articles pour neuf
« mil livres tournois; et que, en ce faisant, il y penseroit gagner sa vie ».

Divers documents de l'année 1536, et un acte notarié de 1542 désignent officiellement Pierre Ier Chambiges avec le titre de « commis voyer de monseigneur
l'Évêque de Paris ».

Ces divers titres et ces diverses fonctions, indiquant la pratique de travaux
d'une diversité extraordinaire, sont dans les habitudes et dans les mœurs du temps
n'établissant aucune incompatibilité entre des travaux et des occupations qui, peu
à peu, sont devenus des spécialités professionnelles, très distinctes et séparées. Gilles
le Breton, un des architectes de Fontainebleau avec Pierre Ier Chambiges, est tour
à tour qualifié, dans les documents officiels, de « maistre des œuvres de maçonnerye du Roy » et de « commis voyer du dict seigneur ». Philibert de l'Orme, le
grand architecte d'Anet, de St-Maur, des Tuileries, etc, fut, à l'âge de 31 ans, « con-

(1) *Registres des délibérations du Bureau de la Ville de Paris*, tome II, page 300.

« ducteur général des batimens et édiffices, ouvraiges et fortifications des pays et
« duché de Bretaigne, aux gaiges de cinq cents livres tournois de Bretaigne par chacun
« an » ; puis, il fit le service de fournisseur de vivres et grééments pour la marine ;
après cela, il devenait « inspecteur des Bâtiments royaux de Fontainebleau et
Saint-Germain-en-Laye ». L'on a tout lieu de penser qu'il fit aussi très souvent
de l'entreprise de travaux de maçonnerie, ce qui lui permit de faire fortune plus
rapidement et plus sûrement que par ses traitements d'« architecte du Roy », et par
les revenus de ses abbayes de Noyon, de Gevêton, et d'Ivry. (1)

Pierre Ier Chambiges exerçait encore en 1542 son métier de « maître maçon-
tailleur de pierre ». Dans le minutier de Guillaume Nicolas, notaire royal au
Chatelet, j'ai trouvé le contrat inédit suivant, passé entre lui et un compagnon :
« Gilles Peletier, compaignon tailleur de pierre, demeurant à Paris, et âgé de
« vingt ans ou environ, confesse dès huict jours à soy estre mis en service dudict
« jour jusques à deux ans finiz et accompliz à honorable homme Pierre Chambiche,
« maistre maçon-tailleur de pierre, demeurant à Paris, ou dict estat de maçon-tail-
« leur de pierre, auquel estat en toutes et autres choses licites et honestes il le pro-
« met servir, servir bien et doucement durant le dict temps sans soy desservyr ni
« absenter dudit service et en cas de fuyte conscend et accorde estre mis et constitué
« prisonnier, moyennant ce que ledit Chambiche sera tenu lui fournir son vivre,
« feu, lict, logis, lumière suivant ledit temps, et luy bailler et payer par chacune
« des dites années à mesure qu'il fera le dit service, la somme de six livres tour-
« nois, promet et oblige corps, biens, etc. Fait le jeudi 2e jour de juing, l'an mil
« cinq cent quarante deux. Guillaume Nicolas. Cogayer ».

François Ier anoblit le maître des œuvres de ses châteaux de Saint-Germain-
en-Laye et Fontainebleau, qui avait pour armes : d'azur à un compas d'argent,
accompagné de rechef à dextre d'une étoile d'or, à senestre d'un croissant d'argent,
et en pointe d'une biche d'or couchée sur une terrasse de sinople. Pierre Ier
Chambiges mourut en 1544, le 21 juin. Son corps fut inhumé dans la nef de
Saint-Gervais de Paris ; l'épitaphe inscrite sur la pierre tombale le qualifiait :
« maistre des œuvres de maçonnerye et pavement de Paris ».

Pierre Ier Chambiges eut un fils, du même prénom, qui embrassa la carrière
d'architecte, et deux filles sur lesquelles on ne possède aucun document de
naissance, ni de décès.

(1) *Les Artistes célèbres : Philibert de l'Orme*, par MARIUS VACHON.

Les renseignements qui concernent Pierre II Chambiges sont fort peu nombreux. Vers la fin du XVIe siècle, il s'associait avec son neveu Pierre Guillain, Guillaume Marchant, François Petit, Robert Marquelet, et Isaye Fournier, pour l'entreprise des travaux de maçonnerie de la Grande Galerie du Louvre. A la date du 26 juillet 1600, il signait, avec ses associés, une requête au surintendant des « Bâtiments du Roy » pour le payement intégral de ce qui lui était dû depuis longtemps sur ces importants travaux.

En 1564, cet architecte était chargé par Charles IX de construire la Petite Galerie du Louvre. Léon Palustre lui attribue, avec vraisemblance de paternité artistique, la Lanterne des Galeries, aujourd'hui pavillon Lesdiguières.

Le 14 mars 1582, Pierre II Chambiges soumissionnait, en concurrence avec Thibaut Métezeau, Fleurent Fournier, Jean le Breton, François Petit, et Charles Bullant, pour des travaux de maçonnerie à faire en la chapelle des Valois à Saint-Denis, sur les plans de Pierre Lescot. Sur la pièce originale de cette soumission, on voit sa signature, à côté de celles des autres entrepreneurs.

A la date du 3 juillet 1607, Pierre II Chambiges était choisi par le Bureau de la Ville de Paris comme arbitre, avec Loys Fournier et François Petit, pour réviser les projet et devis de la construction du pavillon du Saint-Esprit à l'Hôtel-de-Ville, devant servir de base à la transaction entre la Ville de Paris et les gouverneurs et régents de l'hôpital du Saint-Esprit, destinée à mettre fin au procès, qui durait depuis soixante-quatre ans, au sujet de la construction du palais municipal.

Pierre II Chambiges avait épousé Marguerite de Saint-Quentin, fille de l'entrepreneur du Louvre, Pierre Berton, — dit de Saint-Quentin, à cause de son lieu de naissance, — associé dans cette entreprise avec Guillaume Guillain, le gendre de Pierre Ier Chambiges, de 1555 à 1568 ; et qui, « maître tailleur de pierre », exécuta lui-même le rétable de Saint-Merry, à Paris, et fut l'entrepreneur du fameux jubé de Saint-Germain-l'Auxerrois, sous la direction de Pierre Lescot.

Pierre II Chambiges était, le 27 mai 1568, à Ecouen, parrain d'un enfant de Jean Bullant, l'architecte du château.

On ignore la date de la mort de Pierre II Chambiges.

Dans les comptes de la cathédrale de Troyes, année 1507, on voit figurer le nom de Légier ou Léger Chambiges, « neupveu » de Martin Chambiges, amené de Beauvais, le 15 février, par le maître maçon, en qualité de « varlet », en compagnie de Simon de Saint-Omer. C'est tout ce qu'on sait de ce membre de la famille.

Berty (1) signale un Chambiges, du prénom de Robert, qui figure comme expert dans un accord du 6 décembre 1564, où il est qualifié « bourgeois de Paris ». Etait-ce un fils de Pierre I⁰ᵉ Chambiges? On l'ignore.

Enfin, il est un cinquième Chambiges, du prénom de Loys ou Louis, qui mourut en 1619. Le 26 février 1615, les marguilliers de St-Pierre-des-Arcis, à Paris, l'invitaient à visiter certaines parties de l'église à réparer. Il avait le titre de « juré maçon ». Quelle était sa filiation? Aucun document ne la fait connaître.

Pierre Iᵉʳ Chambiges avait donné une de ses filles, nommée Perrette, à un maître des œuvres de maçonnerie de Paris, Guillaume Guillain. Quand l'architecte de l'Hôtel-de-Ville de Paris mourut, en 1544, son gendre lui succéda dans la direction des travaux du nouveau palais municipal. Il construisit le pavillon de l'arcade Saint-Jean, terminé sous Henri II. Guillaume Guillain resta au service de la Ville pendant trente trois ans. Il fut appelé plusieurs fois à donner les plans de constructions importantes. A la date du 9 janvier 1552, les « Registres des délibérations du Bureau de la Ville » signalent l'examen des plans présentés par Guillaume Guillain pour le Petit Pont : « Aujourd'hui « messieurs les Prévost des marchans et Eschevins, estans assemblez au Petit « bureau de la Ville, ont advisé, avant que faire les marchez du bastiment « du Petit Pont, de communiquer les pourtraictz, modelles et devis qui en « ont été faictz par iceulx maistres des œuvres (Guillaume Guillain et Jehan « Leconte, maître des œuvres de charpente de la Ville...) à messieurs le tré-« sorier Groslier et sieur de Clagny (Pierre Lescot) pour en avoir leur « advis, et encore au maître des œuvres de maçonnerye du Roy maistre « Loys Poireau, aussi maistre juré maçon.... Suyvant lequel avis ont esté « priez mesd. sieurs Grollier et de Clagny se voulloir trouver le lundi XIᵉ « en l'ostel de la ville —. Auquel jour le sieur Groslier s'est trouvé; et après « avoir veu les d. portraictz et modelle en pierre... et après avoir entendu « par les mêmes les devis tant de la d. maçonnerye que charpenterye, a esté « d'advis qu'il falloit suyvre les d. devis et modelles, et luy a semblé qu'il « ne se povoit aucune chose adjouter pour la perfection du dit ouvrage, « lequel estant faist et parfaict selon les devis, portraictz et modelle, sera « de très longue durée, de grande beauté, et décoration pour la dicte Ville. »

(1) *Topographie du Vieux Paris*, le Louvre.

Le lendemain, en présence du Prévot des marchands, des Échevins, de Jehan Groslier, de « maistres Gilles le Breton, maitre des œuvres de maçonnerie du Roy, et Guillaume le Breton, juré du roy audit estat de maçonnerye, » Pierre Lescot formulait son opinion de cette façon élogieuse : « Et luy a « semblé, écrit le greffier, que si le dict ouvrage est faict suyvant les d. por- « traictz et devis il sera très bon, de grande durée, et décoration pour la dite « Ville, » Puis, ce fut l'ingénieur, très célèbre en son temps, Louis Mégret, qui, deux jours après, sur invitation du Bureau de la Ville, examina avec soin les plans, et déclara formellement que « on les devoit exécuter en la sorte « et manière qui sont faicts et faire les marchés le plus tôt qu'on pourra « à ce que le d. Petit Pont ne soit plus difforme comme il est à présent. »

Le Petit Pont, — ainsi que la plupart des ponts de Paris, en ce temps-là —, portait, sur ses robustes piliers, une double rangée de maisons à boutiques, louées par la Ville à des marchands et à des industriels de toutes corporations. D'après des baux de location du XVIᵉ siècle, qui nous sont parvenus, la plupart des maisons comportaient, au rez-de-chaussée, « un ouvrouer et une petite salette » ; au premier étage, deux chambres, et un grenier dans le pignon, ajouré d'une fenêtre.

Le 23 juin 1554, Guillaume Guillain, en sa qualité de maistre des œuvres de maçonnerie de la Ville de Paris, assiste officiellement à la pose de la première pierre du quai des Bernardins, dont il dirige les travaux. Il présente au Prévot des marchands, — écrit le greffier du Bureau, « ung « tablier de cuyr blanc neuf qu'il lui a ceinct, et baille une truelle à la main « avec du mortier de chaulx et de sable pour asseoir la dite première pierre. » En 1561, il prend à l'entreprise la construction du quai Saint-Michel, et fait partie du cortège de la pose de la première pierre par le Corps de ville. Le 1ᵉʳ août 1565, il faisait marché avec le Bureau de la Ville pour la construction d'un autre quai sur la Seine, devant les Minimes de Nigeon.

Guillaume Guillain dirigea les travaux de la décoration exécutée pour l'entrée à Paris de Charles IX et d'Isabelle d'Autriche, sur les dessins de Nicolo dell'Abatte, Pierre d'Angers, peintre, et Germain Pilon, « architecque et sculpteur du Roy », par Leconte, maître des œuvres de charpenterie de la Ville ; la même mission lui fut confiée à l'entrée du duc d'Anjou, élu roi de Pologne, qui eut lieu au mois d'août 1573.

Guillaume Guillain avait été élu, en 1549, par la Corporation des maçons-tailleurs de pierre de Paris, capitaine pour les « monstres » (revues), ordonnées par le Bureau de la Ville.

Guillaume Guillain, âgé et malade, se fit suppléer, vers 1573, par son fils Pierre, pour lequel il avait obtenu le titre de « maistre des œuvres de maçonnerie de la Ville de Paris », mais sans la signature personnelle des actes de la fonction, et sans gages particuliers. D'après un extrait de comptes de la Prévôté de Paris, cité par Sauval, Pierre Guillain, vacquait, du 15 au 26 avril 1573, avec Mᶜ Claude Perrot, procureur du Roy et de la Ville, « à l'exécution d'une commission pour visiter les porte-eaux de Chaulny, Pont Sainte Maxence et Creil » (1). La première mention du nom de Pierre Guillain qui se trouve dans les « Registres des délibérations du Bureau de la Ville de Paris » est du 3 mars 1574; mais un paragraphe de la délibération visant l'inspection des ouvriers qui travaillent aux fortifications de Paris, « ainsy que le dict Guillain a parcy devant faict et accoustumé de faire », indique qu'il exerçait depuis quelque temps la fonction.

Au commencement de l'année 1582, Guillaume Guillain se décidait définitivement à prendre sa retraite; il proposa son fils Pierre pour lui succéder en survivance. Une délibération du Bureau fait ainsi mention de la discussion de cette requête, à la date du 20 avril 1582 : « Ce fait, Mᵉ Guillaume Guillain, « maistre des œuvres de maçonnerye et pavement de la dicte ville, a remonstré à la « compaignye que, à l'occasion de son ancyen et vieil aage, il ne peut plus commo- « dément et sy dilligemment vacquer au faict de son estat et office comme il dési- « reroyt et est bien requis. A ceste cause, auroict supplyé très humblement la dicte « compaignye de voulloir recepvoir en son lieu Pierre Guillain, son fils, maistre « des œuvres de maçonnerye de cette ville, à survivance à l'exercice de son d. estat « et office, pour en joïr par le dict Guillain filz, ensemble des gaiges, taxations, « droictz et privilleiges aud. estat appartenant, ainsi qu'en a cy-devant joÿ et joïst à « présent icelluy Guillain père. Et cest affaire mise en délibération, a esté conclud, « advisé, et délliberé que le d. Guillain filz, à ce présent, sera et a esté dès à présent « reçeu et le reçoyt la dicte Ville à l'exercice d'icelluy estat et office de Maistre des « œuvres de massonnerye et pavement de la dicte Ville, au lieu de son d. père, aux « charges et conditions que ledict Guillain père asistera tousjours son d. filz de

(1) Dans l'édition de l'ouvrage de Sauval, faite après sa mort, où figure ce document, par suite d'une faute de transcription du copiste ou d'impression, non corrigée, le nom de Pierre Guillain a été transformé en celui de Pierre Huisslain; or, comme il n'a jamais existé de maître des œuvres de maçonnerie de la Ville de Paris portant ce dernier nom, la défiguration est évidente.

MARTIN CHAMBIGES

FAÇADE MÉRIDIONALE DE NOTRE-DAME DE SENLIS

« son conseil et viendra au Bureau de la d. ville, touttes fois et quantes fois qui
« luy sera ordonné, pour le faict de sond. estat et office, et signera le dict filz à
« l'advenir et non le d. père, à commencer du jour d'huy. »

En même temps, Guillaume Guillain était « juré du roy en l'office de maçonnerye » ; son nom est fréquemment mentionné dans les « Comptes des Bâtiments du
Roy ». En 1544, associé avec le maître maçon Jehan Langeois, il succéda à son
beau-père, Pierre Ier Chambiges, dans la direction et dans l'entreprise des travaux
des châteaux de Fontainebleau, Saint-Germain-en-Laye, Challuau, et la Muette.
Il prit part à la construction du Nouveau Louvre, sûrement depuis 1555 jusqu'en
1568, en collaboration avec Pierre Berton, dit de Saint-Quentin, le beau-père de
son beau-frère, Pierre II Chambiges, comme entrepreneur. Dans les comptes du
Louvre, sous Henri II, pour les années 1555-1556, on lit cette mention : « à
« Guillaume Guillain et Pierre de Saint-Quentin, maistres maçons ayant la charge
« du château du Louvre, par l'ordonnance du seigneur de Claigny, sur les
« ouvrages de maçonnerie par eux faits, la somme de 19.000 livres ». Les noms
de Guillaume Guillain et Pierre de Saint-Quentin figurent encore sur les comptes
des années 1567-1568 pour les travaux de ce château.

Germain Pilon choisit Guillaume Guillain pour parrain de sa fille, née le
9 mars 1568. Guillaume Guillain mourut vers 1586.

Pierre Guillain resta au service de la municipalité parisienne un plus long
temps encore que son père : quarante ans. Aussi, les « Registres des délibérations
du Bureau de la Ville » consacrent-ils de nombreuses colonnes à l'énumération
des opérations et des travaux de tous genres, auxquels il se livra dans l'exercice de
sa fonction, qui fut pour lui particulièrement laborieuse, active, et délicate, en
raison des événements politiques et militaires dont Paris était le théâtre pendant
cette période. De 1589 à 1594, ils font particulièrement mentions fréquentes de
Pierre Guillain, « commis par le Prévôt des marchands et les Échevins sur le faict
« des ouvrages qui se font à présent pour la nécessité de la guerre, à la seureté et
« commodité de Paris » ; pour travaux nouveaux et réparations des fortifications ;
pour démolition de maisons dépendantes du Domaine de la Ville, « assizes hors
« les murs, dans et sur les bords des fossés près des portes » ; pour réquisitions
« des outilz pour servir à la suitte de l'armée » ; pour surveillance et direction des
bourgeois, ou de leurs manœuvres, requis « de remparer et fortiffier en bon et

deu estat de deffense les boullverts et terrasses... »; pour visites domiciliaires en vue de trouver des armes cachées, etc., etc.

Le règlement des gages, honoraires, et taxations extraordinaires du maître des œuvres de maçonnerie, pendant cette période, donna même lieu à un conflit administratif assez violent entre Pierre Guillain et le Bureau de la Ville. Pierre Guillain avait obtenu, le 2 juin 1592, du duc de Mayenne, par lettres patentes, que « sur les deniers levez, à lever et qui se lèveront pour subvenir aux ouvrages et « fortiffications », il serait payé d'une somme de 366 écus qui lui était due, comme arriéré de ses gages des quatre années précédentes; sans préjudice, évidemment, de taxations spéciales « pour les services par luy faictz extraordinairement pendant les sièges ». Le 22 décembre 1592, intervint un compromis. Pierre Guillain déclara abandonner toute réclamation et poursuite pour ces taxations extraordinaires, « n'attendre aultre récompense, sinon ce qu'il plairoit (au Bureau) luy « faire volontairement ou dont il pourroit estre recognu par la libéralité du Prince »; et le Bureau de la Ville consentit à l'entérinement des lettres patentes pour le payement de l'arriéré des gages de son maître des œuvres de maçonnerie.

Lorsque, en 1605, après une interruption des travaux de l'Hôtel-de-Ville pendant plus d'un demi-siècle, provoquée par les guerres de Henri II et par les discordes civiles, le Bureau de la Ville décida l'achèvement de la façade sur la Place de Grève, d'après les plans de Pierre Ier Chambiges, il confia la direction des travaux à Pierre Guillain. Celui-ci commença aussi la construction du pavillon du Saint-Esprit, destiné à terminer le monument sur ce point.

Le maintien de la fonction de maître des œuvres de maçonnerie de la Ville dans sa famille, depuis près de quarante ans, avait donné à Pierre Guillain un si vif sentiment de conservation des droits et privilèges de cette fonction, un tel esprit de combativité à ce propos, que, sa vie administrative durant, il fut en lutte incessante soit avec le Gouvernement du roy, soit avec le Bureau de la Ville lui-même, ou pour les faire respecter ou pour en obtenir de nouveaux. Ainsi, à partir du 15 juin 1574, le « maistre des œuvres de maçonnerie » fut, sur ses réclamations, compris au nombre des membres de la municipalité déclarés « francz, quittes, « exempts et deschargez d'aller ne envoyer aux guetz, gardes des portes et aultres « lieux, tant de jour que de nuyct, monstres (revues) et aultres affaires de la dicte « Ville pour la garde, tuition, déffence d'icelle Ville ». Le 9 novembre 1584, Pierre Guillain réclame, avec vivacité et énergie, un des droits et privilèges séculaires du

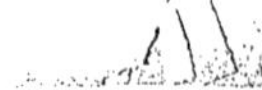

maître des œuvres de maçonnerie, que le Bureau de la Ville venait de supprimer : celui du « vieil pavé, rebuté par les paveurs comme non valable pour être em- « ployé en rues ». Le Bureau de la Ville dut le rétablir; mais, il dissimula son échec administratif sous des considérants dont la malice n'échappa pas à Pierre Guillain, qui eut le dernier mot en cette affaire. Le charroiement des vieux pavés coûte plus qu'ils ne valent : fait observer le Prévôt des marchands; pour empêcher que les bourgeois, devant les maisons desquels on pave, emportent les vieux pavés, la surveillance occasionne des dépenses supérieures aux recettes que leur vente rapporte; par conséquent, il serait, à tous les points de vue, préférable de rendre au maître des œuvres de maçonnerie le droit qu'il réclame, à charge, toutefois, « de faire bonne et exacte visitation des pavés de grès neuf arrivans en ceste Ville, « comme il est porté par les ordonnances de la dicte Ville, et aussi de visiter les « ouvraiges de pavements ordinairement faictz aux despens d'icelle Ville..... » Ainsi fut décidé. Le 22 décembre, Pierre Guillain, sous le prétexte « que l'on pouroit « prétendre que, en faisant la levée d'icelluy rebut, l'on peult enlever d'aultre « pavé, qui seroit au dommage de la dicte Ville », déclarait renoncer à l'exercice du droit rétabli par le Bureau de la Ville, et suppliait « les dictz sieurs (le Prévôt des « marchands et les Échevins) de remettre en leurs mains et faire retirer, au profict « de la dicte Ville, le dict pavé, pour en disposer doresnavant comme bon leur « semblera, et y commettre telles personnes qu'ilz adviseront bon estre.. »

Parmi les autres droits et privilèges de la fonction de maître des œuvres de ma- çonnerie et de pavement de la Ville, il y avait celui de planter et faire planter, semer et cultiver des légumes et des herbes potagères sur le boulevard de la Porte du Temple; cet autre de pêcher et faire pêcher dans les fossés des remparts de Paris ; et un troisième d'utiliser ou vendre à son profit les matériaux de démolition des bâti- ments municipaux. Le 30 mars 1594, le Bureau de la Ville ordonnait une enquête sur l'authenticité des titres de ces droits et privilèges divers, et en suspendait d'ores et déjà l'exercice. « sous peyne de punition exemplaire » à l'égard du contrevenant. Pierre Guillain n'était pas homme à céder; il accepta la lutte. Le 10 août 1598, le Prévôt des marchands et les Échevins étaient obligés de reconnaître, par lettres patentes en bonne et due forme, le premier de ces droits : la culture potagère sur le boulevard de la Porte du Temple; il est probable que, par son entrain, sa ténacité, et son énergie, Pierre Guillain gagna son procès sur tous les autres points.

Dans le compte rendu d'une séance du Bureau de la Ville, tenue le

4 août 1598, il est écrit : « Le Prévost a remonstré qu'étant deu quelques deniers
« à Jehan Fontaine, maistre des œuvres de Charpenterye du Roy, pour plusieurs
« ouvraiges et marchandises par luy fournyz à la Ville, et n'ayant aulcun fond
« pour le pouvoir satisfaire, on l'auroit pourveu de l'estat de controoleur des Bas-
« timens et aultres ouvrages qui se font à la dicte Ville. » Voyant dans cette création d'un nouvel office une atteinte à sa situation et à ses droits, Pierre Guillain
adressa immédiatement une protestation énergique au Procureur du Roy et de
la Ville ; la décision du Bureau de la Ville fut aussitôt rapportée. Une autre fois,
le Fisc s'avisa de lui faire payer un droit de confirmation de sa charge se montant
à 40 écus ; il saisissait le Bureau de la Ville de l'incident ; le Bureau prenait
fait et cause pour son maître des œuvres, et faisait supprimer la taxe.

Cet arrière-petit-fils de Martin Chambiges est vraiment un type d'originalité de
caractère et de vigueur de tempérament ; en lui, la forte race des maîtres maçons-
tailleurs de pierre n'avait point dégénéré. Il mourut, sans doute, à un âge très
avancé. Se sentant malade, il avait, en 1610, obtenu la survivance de la fonction
de maître des œuvres de maçonnerie de la Ville, en faveur de son fils Augustin Iᵉʳ (1).

Pierre Guillain succéda à son père dans l'entreprise des travaux du Nouveau
Louvre ; il s'était associé avec son oncle Pierre II Chambiges, Guillaume Marchant, et d'autres maîtres maçons de Paris, comme on a vu plus haut.

Pierre Guillain fut aussi entrepreneur des travaux du palais des Tuileries.

Pierre Guillain avait épousé Gillette de La Fontaine, fille, sinon parente, d'un de
La Fontaine, maître des œuvres de charpenterie du roi, et commis du Grand voyer.

Augustin Iᵉʳ Guillain, fils de Pierre Guillain, et son successeur dans la fonction
de « maître des œuvres de maçonnerie de la Ville de Paris », acheva, en 1628,
l'Hôtel-de-Ville de Paris par la construction du corps de logis derrière le pavillon
du Saint-Esprit. Les " Registres des délibérations du Bureau de la Ville" font
fréquemment mention du nom d'Augustin Iᵉʳ Guillain pour des travaux de
fortifications, et de pavement, pour les cérémonies de la pose de la première

---

(1) Dans son *Dictionnaire des architectes français*, Lance déclare qu'il y eut deux maîtres des œuvres
de maçonnerie de la Ville de Paris portant le nom de Pierre Guillain, tous deux fils de Guillaume, l'un qui
disparut en 1572, l'autre qui lui succéda dans cette fonction à cette date, et reprit les travaux de construction de l'Hôtel-de-Ville de Paris en 1605. Il base l'argumentation de cette thèse sur la double épitaphe
qui se voyait jadis dans l'église Saint-Gervais de Paris : « Pierre Guillain, fils dudit Guillaume, aussy
« maistre des œuvres de maçonnerie et pavement de Paris, qui décéda le..... Gillette de La Fontaine,

pierre de la fontaine de la Place de Grève, le 28 juin 1624 ; du Collège de Navarre, le 24 mai 1625 ; du Collège de Clermont, le 1er août 1628, où, en sa qualité de « maistre des œuvres de maçonnerie de la Ville de Paris », il présente au Prévôt des marchands et aux Échevins la truelle d'argent traditionnelle, avec le mortier à maçonner la pierre. Augustin Ier Guillain avait épousé Marguerite Rambourg, qui lui donna deux fils, le 5 avril 1619, et le 12 juin 1630. Il mourut le 6 juin 1636, dans sa maison de la Culture Sainte-Catherine, et fut inhumé en l'église Saint-Paul.

Le fils aîné d'Augustin Ier Guillain, Augustin II, succéda à son père dans la charge de « maistre des œuvres de maçonnerie et de pavement de la Ville de Paris » ; mais, en raison de son jeune âge, — dix-sept ans, — le Bureau de la Ville lui adjoignit un collaborateur : le maître maçon Christophe Gamarre. Augustin II Guillain mourut, ou démissionna en 1643.

En 1509, Martin Chambiges mariait sa fille à Jean de Damas ou de Soissons, maçon-tailleur de pierre, qui travaillait avec Pierre Ier Chambiges à la façade de la cathédrale de Troyes. Les renseignements sur cet artiste sont rares et empêchent de tenter même une esquisse de sa biographie. Dans les comptes de la cathédrale de Troyes pour l'exercice 1483-1484, on trouve le nom d'un maçon de ce nom besongnant de son métier, pendant le mois de mars de cette dernière année, aux gages de 2 sous et 11 deniers par jour. Les comptes du Chapitre de la cathédrale de Senlis signalent, à la date de 1514, la venue de Jean de Damas, à l'occasion de l'exécution d'un pavement dans le chœur, et, à la date du 3 janvier 1518, une nouvelle visite de ce « tailleur de pierre ». Sans aucun doute, Jean de Damas y suppléa son beau-père dans l'entreprise des travaux. Jean de Damas mourut en 1531, après avoir, pendant une période de 22 ans, dirigé les travaux de la

« femme dudit Pierre Guillain, qui décéda le 15e jour de février 1558, le... an de son aage, et le commencement du vingtième de son mariage. » Une mention de cette double épitaphe, avec la même date de décès de Gillette de La Fontaine, est faite dans les annotations de « l'Histoire des églises du diocèse de Paris » par Lebœuf. D'autre part, on lit, dans le Dictionnaire de Jal, qu'Augustin Guillain naquit de Pierre Guillain et de Gillette de La Fontaine, le 4 janvier 1581, et fut tenu sur les fonts par Augustin de Thou. Les archivistes éditeurs des « Registres des délibérations du Bureau de la Ville », qui se rapportent à la période visée par Lance, ne font point cette distinction ; et j'ai cru devoir adopter leur filiation unique entre Guillaume et Pierre Guillain. L'imbroglio chronologique créé par l'épitaphe de Gillette de La Fontaine à St-Gervais et par l'extrait de naissance d'Augustin Guillain, précités, n'est point facile à démêler, en l'absence des documents originaux.

façade de la cathédrale de Troyes, au nom et sous le contrôle de son beau-père, et, ensuite, sous les ordres de son beau-frère Pierre Ier Chambiges.

Le successeur immédiat et provisoire de Jean de Damas dans cette direction fut son frère aîné Pierre de Damas, maître maçon-tailleur de pierre, occupé à la cathédrale de Troyes en même temps que Jean de Damas. Par délibération du Chapitre, en date du 17 mai 1532, Pierre de Damas était nommé définitivement directeur des travaux, en association avec son neveu par alliance Jehan II Bailly, qui avait épousé la fille de Jean de Damas quelques années auparavant. A la fin d'octobre, Pierre de Damas se retirait, laissant à Jehan II Bailly la responsabilité exclusive de l'entreprise.

Jehan II Bailly mourut en 1559. L'œuvre de Martin Chambiges était à peu près achevée, conformément aux plans originaux qui avaient toujours été suivis régulièrement par son fils, par son gendre, par son petit-gendre, et par Pierre de Damas.

Tel est l'arbre généalogique de cette grande famille artistique des Chambiges. Poussant ses racines profondes dans la vieille terre de France, mère nourricière des traditions, il a produit des rameaux nombreux, à la sève puissante, féconde, et a donné des fruits dont nous admirons et goûtons encore aujourd'hui la beauté et la saveur exceptionnelles.

L'ŒUVRE

de

MARTIN CHAMBIGES

FAÇADE MÉRIDIONALE DE LA CATHÉDRALE DE SENS

LA CATHÉDRALE DE SENS

Les débuts de maître Martin Chambiges.
Les largesses d'un Chapitre de cathédrale.
La discipline professionnelle sur les chantiers.

Les dernières années du XVe siècle et les premières du XVIe sont une période de renouveau de l'Architecture ogivale, qui, à l'heure de son déclin, semble comme le soleil, jeter le même éclat et rayonner aussi brillamment qu'à son aurore. Les vieilles cathédrales, restées inachevées par suite des guerres incessantes, des invasions, des misères et des calamités publiques, reçoivent leur complément de transepts, de façades, de tours, et de flèches; s'ornent de portails, de roses, de pinacles, de fenestrages, etc., dont le style flamboyant semble l'image de la flamme nouvelle du génie des vieux maîtres maçons-tailleurs de pierre, s'élevant, dans la paix des cités et des campagnes, sous le soufle des idées hardies et novatrices de la Renaissance.

Jacques le Roux et son neveu Roulland le Roux, Simon Vitecocq et son fils ajoutent, de 1485 à 1530, à la cathédrale de Rouen sa majestueuse Tour de beurre, et sa façade occidentale aux fines dentelles de pierre; Jehan de Félin, maître des œuvres de maçonnerie de la Ville de Paris, met à Saint-Aspais de Melun, de 1506 à 1520, le couronnement superbe de son chœur; Louis Ier d'Amboise fait construire le magnifique porche de la cathédrale d'Albi; Jacques Barbe continue la cathédrale de Limoges; Jean Ier et Jean II Hermel, Jacques Dérond de Dieppe, Van der Poel et Jehan Robin, de 1493 à 1519, terminent Notre-Dame de Saint-

Omer; Colyn Byard, Guillaume Pellevoisin, Jacques Beaufils, Jehan Chesneau et
Eugène Bernard construisent la tour neuve de la cathédrale de Bourges, qui
grandit encore l'œuvre colossale et majestueuse des maîtres maçons du XIIe siècle; Pierre Cuve donne à Saint-Martin de Clamecy la dernière parure de sa façade
et de sa tour; Martin Chambiges élève les exquises façades latérales des cathédrales de Sens, de Beauvais, et de Senlis, la façade principale de la cathédrale de
Troyes. Dans les premières années du règne de François Ier, Saint-Maclou de
Rouen, le chef-d'œuvre de Pierre Robin, est complété par sa façade, d'une originalité
et d'une élégance incomparables; la Sainte-Chapelle de Vincennes s'enrichit de son
portail et de sa rose, merveilles de grâce et de délicatesse. On construit à Abbe-
ville, à Saint-Ricquier en Picardie, à Brou dans les Dombes, à Auch, à Lectoure,
à Paris, etc., de nouvelles églises, qui, à défaut de la hardiesse de proportions, de
la noblesse de formes, et de la majesté sublime des créations géniales, inimitables,
des Pierre de Montreuil, Hugues Libergier, Robert de Luzarches, Robert de Coucy,
Jean d'Orbay, etc., prouvent magnifiquement la fécondité d'imagination, et les
qualités brillantes de constructeur et d'ornemaniste des Jehan Lesveillé, Jacques
Crétel, Jehan Perréal, Mathieu Raguenault, Jehan Chesneau, Jehan Bailly, Jehan
Gaide, etc., etc.

Dans son « Manuel d'archéologie française », C. Enlart a dressé l'inventaire,
méthodique et patient, de toutes les cathédrales et églises, construites ou achevées
dans le style ogival pendant cette période ; elles sont au nombre de 647 :
témoignage éclatant que la fin de l'Architecture religieuse du Moyen Age ne fut
point, comme on l'a écrit souvent, par erreur, sinon par préjugé, la chute misé-
rable d'un art épuisé par les folies et la dégénérescence. Après une mani-
festation nouvelle de la puissance et de la fécondité qui étaient en elle, cette
architecture mourait d'une mort naturelle, fière et sereine, devant les idées et les
mœurs nouvelles imposées par l'évolution sociale universelle.

Parmi tous ces maîtres maçons-tailleurs de pierre, qui, à la fin du XVe siècle
et au commencement du XVIe, ont bâti tant d'édifices admirables à tous les points
de vue, Martin Chambiges semble être le premier, celui dont l'œuvre, bien qu'il
ne soit pas encore complètement découvert, apparaît comme le plus important, le
plus original, et le plus délicat.

D'après les rares documents d'archives relatifs à cet artiste qui nous sont parvenus, l'achèvement de la cathédrale de Sens, par la construction des deux façades latérales, aurait été le début de Martin Chambiges dans l'architecture religieuse.

Dans les dernières années du XVᵉ siècle, le siège archiépiscopal de Sens était occupé par Tristan de Sallazar, un de ces prélats grands seigneurs, diplomates habiles, aimant les lettres et les arts, qui avaient l'ambition de laisser quelques monuments, témoignant, devant leurs contemporains et devant la postérité, de leur goût et de leur munificence. L'archevêque décida le Chapitre à entreprendre de donner à l'œuvre majestueuse de Guillaume de Sens, restée inachevée, le complément de deux façades latérales, en harmonie de proportions, de caractère, et de beauté. En vue de la réalisation de ce projet, accueilli avec enthousiasme, le Chapitre résolut de mettre en réserve, chaque année, certaines sommes d'argent. En 1489, le « haut trésor » capitulaire contenait environ 1500 livres (6.000 francs) économisées avec soin; l'archevêque y avait contribué personnellement pour une somme de 800 livres (3.200 francs); et il devait obtenir, plus tard, grâce à son autorité et à son éloquence persuasive, d'importants subsides royaux. Lors de son passage à Sens, le 21 mars 1496, Charles VIII accordait, pour les travaux d'achèvement de la cathédrale, une allocation, pendant dix ans, de 5 deniers tournois (8 centimes) par chaque minot (52 litres) de sel vendu dans les greniers à sel du diocèse, qui rapporta annuellement plus de 100 livres; et Louis XII concédait gracieusement au Chapitre, pendant six ans, une somme de 400 livres (1.600 francs) à prendre sur les tailles et aides de Sens, depuis 1501.

Martin Chambiges fut mandé par le Chapitre pour dresser le « devys de la croisée » (transept); il reçut, pour indemnités de voyage et de séjour à Sens, la somme de 7 livres. Pour qu'un travail aussi important lui ait été confié, Martin Chambiges avait dû faire ses premières preuves de maîtrise par la construction de quelque édifice remarquable, ou par sa collaboration avec un maître des œuvres fameux de ce temps, le cautionnant moralement auprès du Chapitre et de l'archevêque. Aucun document d'archives, aucune tradition locale ne nous renseigne sur ce point. Le Chapitre approuva les plans de Martin Chambiges, et fit procéder immédiatement à l'organisation du premier chantier de constructions, celui du « croison du côté du palais archiépiscopal », au midi. On installe dans la cour de l'archevêché une loge pour que les maçons-tailleurs de pierre puissent travailler les jours de pluie et pendant l'hiver; on achète le matériel de construction, des

« cinges » (1), des chariots, des « écrevisses » (2), des civières, des cordages, etc. Le Chapitre choisit parmi ses membres des commissaires pour administrer l'œuvre financièrement, pour surveiller les travaux, pour visiter les « perrières » du pays, et y faire tirer les pierres nécessaires à la maçonnerie, pour aller chercher au loin, à Paris, à Saint-Leu-d'Esserans, à Ivry, etc., les pierres spéciales des sculptures, des roses, des voûtes, etc. Le Chapitre de Sens suivait en cela l'exemple donné au commencement du XIIe siècle, par Suger et les moines de l'abbaye de Saint-Denis, dans la construction de sa fameuse église; et, l'on verra, aux chapitres suivants, que les Chapitres d'autres cathédrales se conformaient à cette tradition lointaine d'une collaboration effective et constante du clergé avec les maîtres des œuvres.

Le lundi 8 novembre 1490, Martin Chambiges ouvrait le chantier avec huit compagnons maçons-tailleurs de pierre. Les ouvriers sont peu nombreux, mais ils besognent avec activité, à en juger par les salaires qu'ils touchent, eux et leur patron, d'après les fragments de comptes du Chapitre qui nous sont parvenus :

« 1490. Payé à Martin Chambiges, maçon, maître de l'œuvre, qui commença « la croysée de la dite église le lundi 8 novembre 1490, pour les journées de « lui et de ses compagnons, jusqu'au 30 avril suivant, 188 livres 13 sous. » (744 francs, 60 cent.).

« 1491. Au dit Martin et ses compagnons pour avoir taillé et massonné en la « dite croysée, depuis le 1er mai 1491 au 30 avril 1492, 515 livres. » (2.060 fr.).

« 1492. Payé à maître Martin Chambiges et à ses compagnons, pour un an, « 461 livres. (1.844 francs).

Martin Chambiges est, ainsi, d'après ces textes, à la fois maître des œuvres et chef d'atelier, fournissant simplement la main d'œuvre, qu'il paye directement chaque semaine, d'après les conventions intervenues entre lui et les ouvriers. Ce mode d'entreprise est le plus habituel pour les travaux de construction des édifices religieux; on le retrouvera appliqué aux travaux de Beauvais, de Troyes, et de Senlis, exécutés sous la direction de Martin Chambiges, suppléé ici et là par son fils et par son gendre. Les textes semblent indiquer que Martin Chambiges travaillait manuellement du métier de tailleur de pierres, continuant ainsi

(1) Machine composée de deux croix de Saint-André avec un treuil à bras ou à double manivelle, qui sert à élever des fardeaux. (*Dictionnaire des Sciences*, 1747).
(2) Instrument qui servait à transporter de lourds fardeaux.

une sorte de tradition corporative ; cela n'est point et ne pouvait être : le grand artiste dirigeait simplement les ouvriers et les aidait de ses conseils.

Ces faits et ces documents infirment la théorie, — purement d'imagination littéraire, inventée par quelques historiens —, de l'indépendance de conception et d'exécution laissée aux ornemanistes et imagiers des édifices religieux. Aucun art ne fut plus discipliné que notre Art national ; et c'est à cette discipline, permanente et inflexible, qu'il doit sa grandeur, sa beauté, et son originalité. Du commencement à la fin de cet art, pendant la période du style flamboyant particulièrement, l'ornementation, dans nos cathédrales et nos églises, tient à l'architecture d'une façon si intime, avec une harmonie si parfaite de lignes, de formes, de proportions, et de profils ; elles semblent faites si bien l'une pour l'autre, qu'on se demande, sous l'influence de cette harmonie, à qui doit revenir l'honneur de la conception première de l'œuvre, du constructeur ou du décorateur, du maître maçon ou de l'imagier. Or, il n'y eut jamais qu'apparence de dualisme, puisqu'il y eut toujours réalité d'unité de conception, de direction, et d'exécution : celle du maître des œuvres, à la fois maître maçon et tailleur de pierre. Dans la rédaction de ses plans et devis, tout était prévu, et dessiné jusqu'au moindre crochet de rampant de gable, jusqu'à la plus fine aiguille du pinacle le plus élevé. Les plans et devis acceptés par le Chapitre, celui-ci désignait un de ses membres, le plus compétent en la matière, pour deviser les « ystoires », c'est-à-dire la statuaire, à mettre dans les niches, aux tympans, et dans les gables du portail de chaque façade. Le thème de ces « ystoires » était soumis aux règles strictes d'un symbolisme religieux, dont la tradition séculaire s'était peu à peu fixée dans des écrits, qui en étaient en quelque sorte les manuels pratiques. Ces règles ne visaient point exclusivement la représentation des personnages de l'Ancien et du Nouveau Testament, de la Vie des Saints, mais l'ornementation, dont l'ordonnance était aussi prescrite et par ces manuels et par un enseignement traditionnel des ateliers, tant elle présente fréquemment d'analogies évidentes en des édifices qui n'appartiennent point aux mêmes écoles d'architecture, qui ont été construits à des époques différentes ; et, surtout, en considération de cette merveilleuse généralisation du principe d'esthétique de ne demander qu'à la flore nationale, aux branches et aux feuilles des arbres de nos vergers, de nos bois et de nos forêts —, le chêne, l'orme, le châtaignier, le peuplier, le poirier, le cerisier, le pommier, etc.—, aux fleurs les plus simples, et aux légumes les plus modestes de nos jardins et de nos champs, — la chicorée, le chou, la mauve, la rose trémière, la giroflée, la marguerite, etc., — aux arbustes des haies de nos chemins, — le houx, la ronce, le chardon, etc. —, aux ceps de nos vignes, les éléments variés et pittoresques de cette ornementation, qui ne les meurtrit, ni les déforme, dans leur copie fidèle et respectueuse.

Dès l'exercice 1491-1492, le Chapitre se préoccupe de la statuaire qui doit orner le portail de la façade méridionale. Pierre Gramain, « tailleur d'ymages » d'Auxerre, fait marché pour huit statues, au prix total de vingt et une livres tournois ; et il est chargé d'aller à Saint-Bris, dans les carrières de Bailli, acheter les pierres nécessaires pour monter « la vis de la croysée ».

Martin Chambiges dirige en personne, et sur place, pendant quatre ans, les travaux de cette façade ; mais au commencement de l'année 1494, le maître quittait Sens pour Paris, où, sans doute, il était appelé pour des travaux importants qui nous sont encore inconnus. Alors, il fait nommer maître de l'œuvre, pour le suppléer, un maçon-tailleur de pierre du nom de Hugues Cuvelier. Les comptes de l'exercice 1493-1494 font mention, en ces termes, du nouveau chef des travaux de la façade méridionale :

« A Hugues Cuvelier, maître de l'œuvre et ses compagnons, pour avoir « taillé et maçonné la croisée pendant neuf mois, 232 livres, 4 sous. » (928 fr. 80 cent.).

Un extrait des comptes du Chapitre de la cathédrale de Troyes, se rapportant à un voyage fait dans cette ville, le 6 juillet 1502, à la demande des chanoines, par Martin Chambiges et Hugues Cuvelier, pour visiter l'emplacement des fondations de la nouvelle façade, désigne ce dernier en des termes qui ne laissent aucun doute sur la situation administrative de l'un et de l'autre : « ...à Hugues Cuvelier, « son serviteur, qu'il a esté avecques le dit maistre Martin, son maistre, par « l'advis de messieurs et ledit maistre Martin... »

D'où venait Hugues Cuvelier? on l'ignore. Ni à Sens, ni dans la province, ni ailleurs, aucune œuvre d'architecture, publique ou privée, ne lui est attribuée. Il était un simple maçon-tailleur de pierre, travaillant manuellement de son métier, en dehors de ses heures de direction des chantiers. A la date du 19 avril 1505, il recevait 70 sols tournois (14 francs) « pour deux tabernacles « (dais de niche) qu'il a faits, cet hyver, de nuit, en sa maison, par marché fait « avec messieurs », écrit le rédacteur des comptes ; l'hiver suivant, il taille encore, et également de nuit, avec l'aide d'un compagnon du nom de P. Serlant,

deux autres tabernacles à trois pans, pour 110 sols. Quand les travaux du transept et des façades latérales furent terminés, Hugues Cuvelier resta attaché à la
cathédrale, toujours avec le titre de « maîstre des œuvres », aux gages mensuels
de 45 sous, « tant pour regarder ce qu'il faut faire à l'église, visiter les voûtes, ré-
« parer haut et bas, faire ôter les neiges et immondices, et le reporter à messieurs,
« et boucher les ymaiges au caraisme ».

Malgré cette délégation spéciale, confiée à Hugues Cuvelier, Martin Chambiges continue de s'occuper activement de la cathédrale de Sens, « à cause qu'il est
« maistre de l'entreprise et conducteur d'icelle croysée », spécifie le rédacteur des
comptes du Chapitre. Il fait des achats de matériaux; il suit la marche des travaux
par les rapports réguliers que lui en adresse son suppléant; et, lorsque l'exécution
des plans présente des difficultés particulières, qu'il se produit des malfaçons, qu'il
survient des retards fâcheux, etc., il est appelé, ou il accourt spontanément, à
Sens, pour donner des conseils, réparer les fautes commises, « mieux dresser et
mener à perfection l'édifice. »

Le portail méridional fut terminé en l'année 1497; déjà, à la fin de 1496, les
travaux étaient assez avancés pour qu'on ait pu enlever l'engin appelé le « gruat ».
Le 8 juillet, le Chapitre donnait aux maçons 5 sous (1 franc) pour le vin du jour,
« quand ils boutèrent le bouton sur la tourelle devers lostel Monseigneur de Sens »
(la tourelle est); le 23 octobre, les charpentiers descendaient la grue de bois de la
croisée et la portaient dans l'œuvre; et, en novembre, les comptes font mention
qu'il fut donné 5 sous (1 franc) par le Chapitre, « aux massons et tailleurs de pierre
« pour leur vin du jour que le bouton et l'ymaige Notre-Dame furent mis sur le
« pignon de la croisée », et que fut faite la visite de la couverture et de la plomberie
par sept potiers d'étain et tailleurs de pierre.

Au printemps de 1498, les charpentiers commençaient la pose des cintres de
la voûte, qui devait être construite en petites pierres taillées, ou « pendants »,
achetées à Saint-Leu d'Esserans; elle fut achevée avant la fin de l'année. Les
maçons reçurent 5 sous à la fermeture de chaque clef.

Les comptes de l'exercice 1498-1499 marquent qu'il fut payé 70 sous
(14 francs) « à Martin Chambiges, pour son voyage et salaire destre venu
« de Paris à Sens pour visiter la croysée et ouvrage qu'on y faisoit ». Il est écrit,
dans les comptes de ce même exercice, que Martin Chambiges reçut « 40 livres
« (160 francs) sur le prix du liais destiné aux formes des verrières de la croisée »;

dans ceux de 1499-1500, que le maître des œuvres toucha 26 livres (104 francs), sur ce qui lui était dû des 35 pierres de liais pour ces verrières. Le 6 août 1500, il était payé, à Paris, par des membres du Chapitre chargés de commander des pierres, « 10 sous (2 francs) pour les déspens de maistre Martin et d'un homme qu'il « envoya jusqu'aux carrières de Notre-Dame-des-Champs léz Paris » ; et le maître était gratifié d'un écu (environ 9 francs) « pour une paire de chausses, en faveur « des services qu'il a faictz à messieurs à Paris pour avoir des pierres. »

Un présent de ce genre fait à un maître des œuvres par un Chapitre peut surprendre aujourd'hui, à tous les points de vue ; en ce temps-là, il était très appréciable en raison de sa valeur. Une paire de chausses représentait une pièce du costume masculin très coûteuse, par suite non seulement du prix de l'étoffe employée, mais surtout de la valeur de la main d'œuvre que sa façon exigeait. Une paire de chausses comprenait à la fois le haut et le bas de chausses. Le haut de chausses était un court caleçon à braguettes, que la mode du commencement du XVI⁰ siècle faisait généralement tailler dans deux draps différents ; car une jambe devait être d'une couleur, et l'autre d'une autre, soit mi-partie. Si le chaussetier avait pris le haut de chausses dans le même drap, chaque jambe recevait une décoration particulière de passementeries ou d'appliques de velours, qui la différenciait avec netteté. Le bas de chausses, qui est devenu peu à peu notre bas actuel, était formé de plusieurs morceaux de velours, ou de drap, ou d'estame, ou de serge drapée, de couleurs diverses, disposés soit verticalement, soit obliquement, en losanges, en frettes, ou en sergettes, afin de produire des effets de bariolage compliqués ; et, même, y ajoutait-on souvent des crevés, pour rendre la pièce de costume plus riche, plus luxueuse, et plus chère. Dans des comptes de bourgeois de ce temps, on voit qu'une paire de chausses en drap rouge écarlate ne coûtait pas moins de 2 livres 10 sous, soit près de 10 francs ; la façon seule d'une paire de chausses rouges, bandées de velours, revenait à plus de 17 sous. En lui offrant une paire de chausses du prix d'un écu, le Chapitre de la cathédrale de Sens avait dû faire grand plaisir à maître Martin Chambiges.

Au mois de juillet 1500, les maçons « ferment la clef du petit ost » (la clef de l'ogive des petites fenêtres centrales supportant la rose), et reçoivent à cette occasion cinq sous (1 franc) de gratification. En août, ils « ferment la clef du grand ost » (l'ogive des grandes fenêtres), et le Chapitre leur donne pour le vin du jour 17 sous (3 fr. 40) 6 deniers tournois (90 centimes). En même temps, l'on place

FAÇADE SEPTENTRIONALE DE LA CATHÉDRALE DE SENS

au centre du gâble du portail les armoiries de l'archevêque Tristan de Sallazar, en témoignage de gratitude pour ses libéralités en faveur de l'œuvre.

La façade méridionale achevée, le Chapitre fit commencer les travaux de la façade septentrionale, sur les plans de Martin Chambiges. On démolit l'ancien portail latéral qui avait été établi en 1447, et une chapelle qui se trouvait sur l'emplacement du bras nord du transept. Et, en 1501, Hugues Cuvelier ouvrait le chantier, avec les huit compagnons qui avaient travaillé à la façade méridionale.

Martin Chambiges, qui vient d'entreprendre sur ses plans la construction de la façade principale de la cathédrale de Troyes, et se trouve obligé, dans la première période des travaux, d'y séjourner assez fréquemment, met à profit le voisinage des deux villes pour visiter à nouveau le chantier. D'après les comptes de l'exercice 1502-1503, il fut dépensé « 12 sous, 6 deniers (3 fr. 30) pour un soupper fait à « maistre Martin Chambiges, maistre masson, lequel passait par Sens, pour « conférer avec lui d'aucunes affaires touchant l'œuvre du croison commencée « devers le cloitre (la façade septentrionale), pour iceluy mieux dresser et mener à « perfection de l'édifice ». Les comptes du Chapitre de Troyes, en 1503, signalent le fait que, dans les derniers jours d'avril, Martin Chambiges fut reconduit à Sens, où il était attendu. Le 30 octobre 1506, le maître des œuvres se rend à Sens. Après la visite des travaux, « M. M. du Chapitre » voulurent lui faire quelque présent; alors ils décidèrent « qu'on payerait ses despens » Les compagnons de la loge conduisirent le patron à l'hôtellerie de Jean Jouand, où ils dépensèrent vingt et un sous (4 fr. 20) : c'était traiter princièrement leur hôte. En ce temps-là, pour cette somme, on pouvait composer le menu suivant d'un diner : une omelette de 24 œufs; 12 deniers; un demi-cent de goujons de l'Yonne : 5 sous; un gigot rôti : 2 sous 6 deniers; un civet de lièvre : 3 sous; un flan : 4 deniers; un rayon de miel : 2 sous; une livre de fromage : 1 sou; et 15 litres de vin dit de maçon : 8 sous.

Les travaux étaient menés avec activité. Le 23 avril 1503, « le tailleur d'y-maiges » Pierre Gramain passe avec le Chapitre un nouveau marché pour faire « vingt six ymaiges en la housseure (voussure) du portail du croison... selon le « devis que bailla M⁰ Hodoard, chanoine »; le prix était de 60 livres tournois (240 francs). En un an et un mois, ce travail était terminé. Le Chapitre traita en même temps avec un autre « ymaigier », André Lecoq, plaisamment surnommé « Deo gratias », pour l'exécution de six grandes statues du portail, tout d'abord, puis ensuite de deux autres, lesquelles sont désignées particulièrement dans le marché : celles de saint Augustin et d'Abraham.

En 1506, les maçons fermaient la voussure du portail ; ils étaient gratifiés, à cette occasion, d'un pourboire de 10 sous (2 francs).

Peu de temps après, se produit un ralentissement dans la marche des travaux, sans aucun doute, du fait de la pénurie d'argent dans le trésor capitulaire.

En 1513, les comptes signalent un voyage de Martin Chambiges à Sens, dont le « deffroy » (défraiement), pour le maître, un compagnon et leurs chevaux, coûte au Chapitre 19 sous (3 fr. 90). Les travaux reprennent à ce moment. Hugues Cuvelier fait marché avec le Chapitre pour l'achèvement de la façade septentrionale, moyennant 722 livres (2,888 francs), six setiers de blé, et autant de seigle.

En 1516, les charpentiers descendent les échafaudages : l'œuvre de Martin Chambiges est terminée. D'après les comptes, la construction des deux façades coûta 22,000 livres (88,000 francs) ; soit 12,290 livres (49,160 francs) pour celle du nord, et 9,710 livres (38,840 francs) pour celle du sud.

Les deux façades latérales de la cathédrale de Sens présentent dans leur ensemble une analogie, presque complète, de physionomie ; et se caractérisent par la simplicité, la légèreté, la hardiesse des lignes architecturales et décoratives, sans qu'elles aient le côté grêle et anguleux que les historiens d'art ont reproché, fort justement, à un grand nombre d'œuvres de ce temps. L'une et l'autre se composent d'un corps central comprenant un portail avec gâble, une rose colossale, et un pignon très élevé ; de deux contreforts, en forme de tourelle, élégants et sveltes, flanqués de pilastres, et servant à la fois d'ornement et de soutien, car les contreforts ici n'ont point d'arcs-boutants. Mais la façade méridionale est moins riche, comme ornementation, que la façade septentrionale, vraisemblablement parce qu'au XVI° siècle, celle-ci était la seule donnant au public accès dans la cathédrale, celle-là restant réservée au Chapitre et à l'évêque, dans l'hôtel duquel elle était enclavée.

Dans la façade méridionale, le portail s'ébrase en deux archivoltes, composées de gorges, de filets, et de moulures prismatiques ; ornées simplement de deux rangs de redans trilobés, de niches à dais et console, et de guirlandes de ceps de vigne, de grappes de raisin, et de feuilles de chou, avec chutes de figures d'animaux. Le tympan contient cinq niches à dais de pinacle et console fleuronnée. Un pilastre terminé en pinacle forme l'encadrement vertical du portail, et sert de base au gâble en accolade, portant sur les rampants un décor de crochets de feuilles de chou, et dont la pointe, très élancée, sert de piédestal à une statue de Moïse. De chaque côté du portail, est une fausse porte aveugle, dont l'ogive trilobée s'élève à hauteur du linteau de la porte centrale ; un pilastre, semblable et parallèle à celui du portail, encadre la fausse porte. De chaque côté de l'ogive du portail, une arcature aveugle supporte une plate-forme, bordée par une balustrade à claire-voie, en retrait de laquelle s'ajourent cinq hautes baies à meneaux, garnies de vitraux, dont les ogives supportent la rose, insérée dans une immense baie, à fortes moulures.

Le dessin de cette rose, divisée en quatre compartiments, se compose de combinaisons variées, rayonnantes et flamboyantes, de quatre-feuilles étirés, et d'ellipses en courbes avec réduits intérieurs, rappelant, par leur sveltesse et leur robustesse, les fins réseaux de certaines feuilles, et les légères arcades cellulaires de certains fruits, qui, dans leur ténuité de filaments et leur fragilité d'enveloppes, présentent une force de résistance prodigieuse, et sont d'une élégance et d'une souplesse de lignes extraordinaires. Nous retrouverons cette rose à Troyes, à Beauvais, et à Senlis.

Le corps central se termine par un pignon, au tympan orné d'une rosace et d'arcatures ogivales aveugles, aux rampants garnis de crochets, et surmonté d'une statue de la Vierge. Aux extrémités des deux balustrades, sont placées des gargouilles représentant des chimères et autres animaux fantastiques. La façade est étayée par deux contreforts, en forme de tourelle hexagonale, divisés en cinq étages par des bandes en larmier, accostés de pilastres se développant en fines aiguilles de pierre fleuronnées, et couronnés par des clochetons que relie une balustrade ajourée, placée au-dessus de l'ogive de la grande baie centrale.

Dans la façade septentrionale, le portail, à deux baies, est plus ébrasé ; il compte trois archivoltes au lieu de deux, deux rangs de niches abritant une série de figures de personnages de l'Ancien Testament, et, dans le tympan du portail, sept grandes niches. Plus élargi, le gâble contient trois écussons, disposés un et deux, et soutenus chacun par des anges, qui devaient porter les armes de France, de la Ville de Sens, avec celles de Tristan de Sallazar. De chaque côté de la plus large archivolte du portail, s'élève une colonnette, mi-partie ronde, mi-partie cannelée, et qu'accostent deux ailerons de support appuyés sur la balustrade, servant de piédestal à une statue, qui accompagnait autrefois celle du bouton du gâble. L'ogive de la baie, dans laquelle s'insère la rose, est ornée de redans redentés ; et le pignon, surmonté de la statue d'Abraham, s'orne de deux élégants clochetons que relie une fine galerie à jour.

Entre le corps central et les contreforts, s'accotent à la façade deux pilastres accouplés, terminés par une flèche fleuronnée, et dont la base, ornée de niches, continue la décoration du portail. Les contreforts sont sectionnés en huit pans par des pilastres légers se terminant en aiguilles, et ont leurs faces encadrées, aux trois étages supérieurs, par un fenestrage au sommet courbé, et, aux trois étages inférieurs, par un fenestrage à sommet trilobé ; une balustrade à jour les couronne.

Le transept est éclairé, dans chaque bras, par deux fenêtres immenses, étrésillonnées, à trois meneaux, et au remplage lancéolé. Le mur de l'allège porte deux fenestrages à meneau, qu'encadrent de sveltes pilastres se développant en fines aiguilles fleuronnées. Le revers de la façade porte sur le nu du mur, au-dessus de la verrière, deux rangs de fenestrages ; les corniches et les rampes d'appui des deux tribunes intérieures, qui correspondent à la galerie et à la plate-forme, ont leurs gorges ornées de rinceaux de feuilles.

Dans son « Dictionnaire d'architecture », Viollet-le-Duc cite comme étant une des œuvres d'architecture les plus remarquables le transept et les deux façades latérales de la cathédrale de Sens.

LA CATHÉDRALE DE BEAUVAIS

Le chef-d'œuvre de Martin Chambiges.
Les péripéties des plans d'une cathédrale.
Une fleur d'arrière-saison.

Le 19 août 1497, sous l'épiscopat de Villiers-de-l'Isle-Adam, — un autre grand prélat, ami des arts, qualifié par ses contemporains « bon mesnager et grand batisseur », — le Chapitre de la cathédrale de Beauvais décide de continuer la construction de l'édifice interrompu par la Jacquerie et l'invasion des Anglais, et ordonne « l'édifficacion d'une croysée neufve pour obvier à la ruine du cueur, qui est de « longtemps estayé de pierres, lequel est dangereux au moyen de ce qu'il n'y a ni « croysée ni nef qui l'appuye et soutienne (1) ». L'évêque offre de consacrer, chaque année, huit cents livres parisis de ses revenus, auxquels vient s'ajouter régulièrement, à partir du 28 novembre 1512, une contribution du Chapitre s'élevant au même chiffre, ordonnée par le Parlement. En outre, le Chapitre organise des souscriptions, des quêtes, et institue une confrérie spéciale chargée de faire une incessante propagande en faveur de l'œuvre. On fit, alors, venir de Paris Martin Chambiges (2), et d'Amiens Pierre Tharizel, lesquels avec Jean Ier Vaast, maçon de

(1) Fragments des comptes de « receptes, dépenses et mises pour l'édifficacion d'une croysée neufve en lad. église (de Beauvais) » dressés par le chanoine Jean Thourin. Ces fragments, sur deux feuilles de parchemin, ont été trouvés, il y a quelques années, dans les reliures de deux livres de commerce provenant des dossiers de l'ancienne Juridiction consulaire au Tribunal de Commerce de Paris, et déposés actuellement dans les Archives de la Préfecture de la Seine.

(2) Martin Chambiges, à ce moment-là, s'occupait, à la demande du Bureau de la Ville de Paris, des travaux préparatoires de la reconstruction du Pont Notre-Dame. Dans les Registres des délibérations du

l'église (1) « firent leur rapport au Chapitre, de sorte que, le mercredi, 20 mai 1500,
« le terrain ayant été trouvé bon et suffisant pour jeter les fondemens de la croisée
« sans piliers, le Chapitre conclut que le lendemain se ferait procession et messe
« solennelle de Saint-Pierre pour poser la première pierre » (2). En effet, le lendemain, l'évêque, en aube et mître blanche, accompagné du Chapitre, se rendit proces-
sionnellement, au milieu d'une grande foule, sur l'emplacement marqué par l'architecte, et y posa la première pierre, dans laquelle avait été entaillée une croix avec
les armes de Villiers-de-l'Isle-Adam et de l'église.

Martin Chambiges avait été seul chargé par le Chapitre de dresser les plans
d'achèvement de la cathédrale. Les preuves en sont dans plusieurs faits attestés par
des documents d'archives, dont la portée a échappé aux divers historiens qui font de
Jean Ier Vaast un collaborateur de Martin Chambiges, alors qu'il n'était que son second.
Pierre Tharizel fut commis, un jour, par le Chapitre, pour examiner les plans de
Martin Chambiges, ce qui était dans les habitudes du temps, comme on l'a vu au
premier chapitre de cette étude. Le 8 février 1505, à la suite d'incidents qu'on lira
plus loin, le Chapitre priait Martin Chambiges de laisser ses plans à Beauvais, de
peur qu'ils ne se perdissent en route, lorsque le maître se rendait à Troyes. Si ces
plans n'avaient point été la propriété, personnelle et exclusive, de Martin Chambiges, le Chapitre en aurait purement et simplement interdit, en toutes circonstances, le transport hors de la maison de l'œuvre.

Martin Chambiges recevait vingt livres (80 francs environ) par an comme
gages, plus quatre sous (0.80) par jour de travail, et un pain de prébende. Il était
logé à « la Charpenterye ».

Les ouvriers placés sous sa direction formaient autour de l'édifice en construction une véritable colonie, comprenant autant de quartiers que de corporations. Les charpentiers avaient leur maison particulière, dite la Charpenterye ;
les maçons étaient groupés à la « Loge des maçons », située sur la place Saint-
Pierre, du côté de l'Évêché. Il y avait une fonderie, ou forge, pour fournir les
« gros barreaulx, goujons, et crampons servans à la maçonnerie, comme les petits

Bureau, on voit plusieurs fois figurer son nom, avec celui de Pierre Tharizel, parmi les noms des maîtres
maçons-tailleurs de pierre appelés en consultation par le Prévôt des marchands et les Échevins pour donner avis et conseils sur cette reconstruction.

(1) Dans les fragments de comptes précités, Jean Ier Vaast figure avec le simple titre de « maçon » ;
et Martin Chambiges avec celui de « maistre maçon ».

(2) Extrait des Registres des comptes du Chapitre de la cathédrale de Beauvais.

« barreaulx, locquettes et verges servant aux verriers ; les grands et petits clous à
« nef » ; le plomb pour les verrières, etc. Des ateliers couverts, adossés à l'hôtel épiscopal, permettaient, pendant les mauvais jours, aux tailleurs de pierre de
« besongner », à l'abri de la bise, de la pluie et de la neige, pour l'exécution des
travaux les plus fins et les plus délicats, car la taille des pierres ordinaires se
faisait généralement à la « perrière », ou carrière, d'après les modèles en bois, dits
« faux mosles ».

Martin Chambiges a le titre de « maistre de l'œuvre », soit la direction artistique
et technique générale ; et, il se fait aider par un second, qui fut, aux débuts de
l'entreprise, Jean Ier Vaast ; puis Pierre Ier Chambiges ; et, ensuite, Pierre Thouroude
et Scipion Bernard.

Les travaux de construction de la croisée et des deux façades latérales
durèrent près d'un demi-siècle. Ils furent, en grande partie, exécutés sous la
direction immédiate de Martin Chambiges ; puis, leur achèvement, très long, se
poursuivit par les soins de ses successeurs, à qui, sans doute aucun, le Chapitre
imposait le respect de la pensée de l'artiste. Après la mort de Martin Chambiges,
Pierre Ier Chambiges vint même, à la requête des chanoines, pour donner son avis
et ses conseils, en une circonstance où, probablement, il était question d'apporter
quelques modifications aux plans, sans trahir cette pensée, que personne mieux
que le fils et le collaborateur du maître des œuvres n'était en mesure d'exposer
et de défendre énergiquement.

La façade septentrionale fut commencée la première, vers la fin du règne de
Louis XII. Le mélange d'hermines de Bretagne, de dauphins, de fleurs de lis,
de reine-marguerites, du chiffre de François Ier, et de salamandres, sur les bases
des piédroits des archivoltes du portail, témoignent que le Chapitre et l'architecte
avaient tenu expressément à rappeler, au moyen de la représentation de leurs armes
et emblèmes héraldiques, le souvenir des personnages qui avaient contribué par
leurs libéralités à la construction du transept et des façades latérales : Anne de
Bretagne, Louis XII, François Ier, Marguerite d'Angoulême, et Louis Ier cardinal
de Bourbon-Vendôme, à un certain moment administrateur du diocèse de
Beauvais.

Les travaux se poursuivaient très lentement, sans aucun doute à cause de la
pénurie d'argent provoquée par les guerres de ce temps. L'organisation particu-

lière de l'entreprise n'y était certainement pas étrangère. Pendant qu'il dirige sur place les travaux de la cathédrale de Beauvais, Martin Chambiges s'occupe activement de la construction de la façade principale de la cathédrale de Troyes. Il partage son temps et son intelligence entre les deux entreprises, au mécontentement réciproque des Chapitres de l'une et de l'autre cathédrales, qui auraient voulu le garder exclusivement pour leur œuvre, et constamment se déclaraient lésés dans leurs intérêts et dans leur amour-propre.

Le 8 février 1505, le Chapitre de Beauvais, accordant à Martin Chambiges un congé de quelques jours pour se rendre à Troyes, lui reprochait vivement, dans une délibération, le dommage que ses voyages incessants causaient à l'entreprise. Le 21 mai 1511, le Chapitre de Troyes envoyait à Beauvais un messager porteur d'une requête à « messieurs les doyen et chanoines, au chantre et au sous-chantre de l'église de Beauvais », pour qu'ils voulussent bien permettre que Martin Chambiges se rendît à Troyes. Le Chapitre de Beauvais délibéra qu'il différerait de répondre, afin que son architecte pût « assister à la construction de la croisée ». Sans doute, il est question en ce texte laconique, de quelque partie délicate et difficile de la construction de la façade septentrionale, que le Chapitre désirait être dirigée par le maître lui-même. Ce silence dura un assez long temps. En juillet, le doyen du Chapitre de la cathédrale de Troyes, Mᵉ Jaquotti, qui s'était rendu à Paris pour presser auprès du Trésorier de France la mise à exécution des lettres patentes accordant la prolongation de l'aide sur le sel, en vue d'assurer les ressources pour continuer les travaux, fit le voyage de Beauvais, et renouvela la requête de ses collègues ; il échoua dans sa mission. Enfin, le 21 août, Jean de Damas, gendre de Martin Chambiges, était envoyé à Beauvais, avec interdiction de revenir sans son beau-père. Le gendre fut persuasif ; maître Martin partait pour Troyes, au commencement de septembre, accompagné par un maître maçon du nom de Martin Ménart. Les comptes du Chapitre de la cathédrale de Troyes informent qu'à la date de juin 1514 Martin Chambiges dut refuser de faire un nouveau voyage dans cette ville, « à cause d'un fondement qu'il avait commencé avant l'arrivée du messaige. »

Il s'agit, vraisemblablement, dans ce document, des fondations de la façade méridionale, que son ornementation de salamandres, de marguerites, et de chiffres de François Iᵉʳ, dans les arceaux, les voussures, et sur les balustrades, permet de dater, commencement des travaux, de 1514, et, achèvement du portail, de la

PORTAIL DE LA FAÇADE MÉRIDIONALE DE LA CATHÉDRALE DE BEAUVAIS

partie du règne de François Ier, qui va de 1524 à 1530. Pendant cette période, le roi était veuf de Claude de France, et n'avait point encore épousé Éléonore d'Autriche. Pour continuer une tradition galante, dont l'ornementation du portail septentrional est déjà un témoignage à l'égard d'Anne de Bretagne, le Chapitre décida de faire accoler au chiffre et à l'emblème héraldique du roi celui de sa sœur bien aimée, protectrice éclairée des arts et des lettres, qui occupait, en quelque sorte, à côté de son frère, le trône de France, en l'absence d'une reine.

François Ier, suivant, en cela, l'exemple de Louis XII, avait accordé au Chapitre, pour les travaux en cours, d'importants subsides, comme il le faisait pour tous les édifices religieux et civils du Royaume, en voie de construction ou d'achèvement. Le désastre de Pavie fit suspendre ces subsides. Tout endetté qu'il fût, le Chapitre de Beauvais décida patriotiquement de s'associer à l'œuvre nationale de la rançon du roi. Il vendit la croix et la couronne d'argent, les figures d'argent doré, qui ornaient le maître autel de la cathédrale, deux calices, et deux bassins d'or du trésor. A son retour de captivité, pour témoigner au Chapitre sa reconnaissance de ce don généreux, François Ier renouvela l'octroi gracieux de deux deniers obole tournois (0,03) sur chaque minot (52 litres) de sel, vendu dans les greniers de Languedoc et de Normandie. Le 21 avril 1527, le Chapitre ordonna que, le dimanche suivant, les chanoines revêtus de chapes et portant le bois de la Vraie croix, feraient une procession générale pour remercier Dieu des libéralités royales, qui permettaient de continuer les travaux. En 1532, le 14 décembre, des lettres patentes portaient prorogation du même octroi pendant un an. La première partie des deux façades, — le portail et les contreforts à hauteur de la balustrade inférieure, — était certainement terminée vers 1527. Des marguerites héraldisées ornent à la fois la balustrade inférieure de la façade septentrionale, et la fausse balustrade des contreforts de la façade méridionale à hauteur du gâble. En outre, une tapisserie, conservée à la cathédrale, montre l'état de la façade septentrionale en 1530 : elle est presque achevée.

Mais Martin Chambiges mourut en 1532; le Chapitre lui donna pour successeur dans la direction des travaux Michel Lalye, un maître maçon dont on ne connaît point les origines. Les grosses constructions du transept étaient terminées en 1533. Martin Chambiges avait dressé les plans complets d'achèvement de la cathédrale (1); une travée même de la nef avait été commencée de son vivant. Peu soucieux de continuer des travaux où il n'y avait qu'à suivre les plans d'un autre, Michel Lalye faisait décider par le Chapitre, le 24 avril 1534, la construction, sur la travée centrale, d'après des plans dressés par lui, en collaboration avec Jean II Vast et François Mareschal, « archi-charpentier », d'une flèche pyramidale, qui devait dépasser en hauteur les flèches et les dômes de toutes les églises du monde, et qui s'écroula, en 1573, le jour de l'Ascension, cinq ans après son achèvement. Ce fut là l'œuvre personnelle de ce maître des œuvres de la cathédrale. On n'en continua pas moins, pendant ce temps, les travaux d'achèvement des façades latérales et du transept, d'après les plans de Martin Chambiges. Le 15 février 1537, le comble de la partie nord du transept était posé par Simon Taveau, charpentier; et, cette année-là, était fermée la rose du portail septentrional, reproduction, ainsi que celle du portail méridional, des deux roses de la cathédrale de Sens.

En 1537, le Chapitre invitait Pierre Ier Chambiges à venir visiter l'œuvre, et ordonna aux ouvriers, dit la délibération, de suivre exactement les indications de cet architecte « très habile ». Il s'agissait là, évidemment, des travaux de la partie supérieure de la façade méridionale qui ne fut achevée qu'en 1548.

Les deux façades latérales de la cathédrale qui mesurent, en hauteur, la septentrionale 63 m. 60, et la méridionale 65 m. 75, présentent la même formation architecturale : un corps central comprenant un portail, une galerie, une rose, et un pignon, séparés par des balustrades feintes ou ajourées; et deux contreforts arcboutés sur des culées vigoureuses, en mesure de supporter la poussée formidable d'une voûte et d'un pignon hissés audacieusement à des hauteurs extraordinaires. La prodigieuse élévation et la sveltesse superbe de la membrure extérieure du chœur, aux baies énormes ajourant l'édifice à le rendre aérien, imposaient à l'architecte du transept la nécessité de construire des façades qui fussent en harmonie parfaite de grandeur et de légèreté avec l'œuvre des maîtres du XIIIe et du XIe siècles; et en se conformant à un type d'architecture et d'ornementation consacré par la tradition et par une sorte de ritualisme, que le clergé ne permettait jamais d'enfreindre, puisque ce type se retrouve partout, malgré la diversité des climats et la multiplicité des écoles, du commencement à la fin de l'Art ogival.

---

(1) WOILLEZ, dans son ouvrage sur la cathédrale de Beauvais, a publié un dessin de la façade principale, qu'il déclare avoir été composé d'après un plan original possédé, de son temps, par un habitant de Beauvais, et sur « des documents authentiques. »

Grâce à son génie, Martin Chambiges ne faillit point à la confiance du Chapitre de la cathédrale ; il sut donner à un problème difficile une solution parfaite, aussi hardie qu'élégante, qui, sur aucun point, ne laisse prise à la critique.

Tout en étant semblables comme structure générale, les deux façades présentent une grande différence de physionomie artistique. Cette différence s'explique et se justifie par leur orientation et leur topographie.

Autant la façade méridionale, en toutes saisons, constamment caressée et illuminée par les rayons du soleil, s'orientant sur une vaste place publique, — qui est, en quelque sorte, le forum religieux du peuple —, a été, de la tête aux pieds, parée par l'architecte, avec tendresse, d'une véritable joaillerie de pierre ; et se dresse fière, souriante de sa radieuse et incomparable beauté ; autant la façade septentrionale, qui ne reçoit guère que les injures de la bise, et à laquelle on n'accède que par des ruelles étroites, peu fréquentées, apparaît sévère, rude, et présente une simplicité presque monacale. Cependant, elle réserve, à ceux qui vont la chercher dans sa solitude mélancolique, l'agréable surprise de quelques parties, — dans le tympan du portail, l'arbre de Jessé aux branches duquel étaient suspendus jadis les écussons des Enfants de France, la grille de pierre qui surmonte la deuxième balustrade, et les niches à pinacle du portail, — véritables chefs-d'œuvre de ciselure de pierre, soigneusement abrités derrière les hauts et larges contreforts, que bandent simplement de fortes moulures en larmier, et dont la nudité générale, sauf au sommet, semble accuser l'exclusive fonction : soutenir et protéger.

Du côté sud, au contraire, les contreforts apparaissent comme remplissant plus encore un office de décoration artistique que de consolidation. En forme d'élégante tourelle, aux pans multiples divisés en quatre étages par de brillantes bandes de lobes et de redans, ils ne présentent, de la base au sommet, que fenestrages de fines colonnettes et d'ogives lancéolées, que niches à console ajourée et à dais en pinacle, que pilastres sveltes, fleuronnés, et fuselés. Les simples aiguilles de faîte, qui accompagnent modestement le pignon à crochets de la façade septentrionale, se transforment ici en couronnement majestueux d'un étage de lanternons superposés, au décor flamboyant, en harmonie d'élégance avec le double rampant ajouré du pignon, au remplage d'écussons suspendus à un treillage de rinceaux et de pilastres. Les culées des arcs-boutants portent même un sommet de niches à dais ajouré, de délicats fenestrages, et de pinacles en flèche.

Alors que le portail septentrional n'a que trois archivoltes décorées de redans, deux gorges ornées de guirlandes de feuilles de chou enroulées, le portail méridional s'ébrase largement en quatre archivoltes à redans redentés, à gorges de rinceaux de pampres, avec dauphins et griffons, et à double rang de onze niches de figurines, aux consoles et dais ajourés. Les piédroits des archivoltes encadrent, de chaque côté, une double rangée de trois grandes niches, à soubassement en tambour orné de fenestrages, et à dais en pinacle, dont le décor majestueux se continue sur la partie inférieure des contreforts par huit autres niches de même forme, qu'encadrent des pilastres se développant en aiguilles, à la hauteur de l'ogive inférieure du portail. Les deux balustrades reliant le portail, la galerie, et la rose, qui, dans la façade du nord, sont aveugles, s'ajourent, dans la façade du midi, de claires-voies à décors d'arcades ogivales et d'arcs en accolade.

Dans cette façade méridionale, la création de l'imagination féconde de Martin Chambiges, — toute entière, œuvre de grâce, de charme, de fantaisie, et d'originalité, — a été exécutée, avec une habileté et une délicatesse prodigieuses, par les tailleurs de pierre, ses compagnons, dont la maîtrise de métier avait, déjà, dans la façade septentrionale, traduit, avec la même fierté et la même franchise d'expression vivante, les inspirations plus simples et plus sévères du génial maître maçon.

Ainsi, l'Ile-de-France, berceau de notre nationalité, la plus vieille terre française, où l'Art ogival, notre art national par excellence, avait pris racine et fait sa première floraison, vit l'éclosion de sa dernière merveille, fleur superbe d'arrière-saison d'une vie glorieuse de quatre siècles de chefs-d'œuvre.

LA CATHÉDRALE DE TROYES

Construction de la façade principale.
Un chantier type de maçons-tailleurs de pierre.
Un « maîstre des œuvres » modèle.

Dans les années 1499-1500, le maître maçon Jehançon Garnache avait achevé, vraisemblablement d'après les plans dressés par l'évêque Hervé, au XIIIe siècle, la grande nef et les collatéraux de la cathédrale de Troyes, dont la construction avait été fréquemment interrompue, au cours du XIVe siècle, par les invasions, les guerres et le manque d'argent. Au sommet du grand pignon de la partie méridionale, sorte de façade provisoire, avait été hissée une statue colossale, en pierre de Tonnerre, représentant l'archange saint Michel, « le saint tout doré de fin or, disent « les comptes de la cathédrale, excepté le visaige et les mains de chair, et le revers « du manteau de fin azur, le diable de diverses couleurs » ; et avaient été « peintes les « armes de France sur l'écusson sculpté en pierre, le champ de fin azur, les fleurs de « lys et la couronne de fin or, et autour de bonnes couleurs pour luy bailler appa- « rence » (1) : intéressant témoignage de la persistance à travers les siècles de la coutume d'orner les façades extérieures des édifices religieux avec des statues polychromes, d'une grande richesse de couleurs.

Pour achever la cathédrale, il restait à construire les portails et les tours de la façade principale. Les plans primitifs les prévoyaient ; leur construction avait même été déjà amorcée sur plusieurs points. Dans les comptes des années 1488-

(1) Archives départementales de l'Aube : Registres capitulaires de la cathédrale de Troyes.

— 62 —

1489, il est fait mention de l'exécution de certains travaux en vue de l'élévation prochaine des tours et des « portaulx ». La décoration du grand pignon et la disposition sur cette façade d'une ouverture destinée à recevoir une rosace démontrent que cette partie de l'édifice devait former l'arrière-plan supérieur du grand portail prévu par le premier architecte (1). Mais les plans primitifs avaient subi des modifications au cours du XVe siècle. Le Chapitre pensait-il que ces modifications devaient entraîner la construction d'une façade différente, comme style et comme proportions, de celle que les maîtres maçons avaient amorcée dans les dernières maçonneries de la grande nef et des collatéraux ? Très vraisemblablement. Mais les travaux furent différés. Pendant les années 1500 et 1501, les comptes de la cathédrale (2) ne signalent aucune dépense de ce genre. Le 6 juillet 1502, le Chapitre ordonnait une visite extraordinaire de l'édifice par les trois maîtres maçons : Jehançon Garnache, maître des œuvres de la cathédrale, Jehan Ier Bailly, employé depuis des années aux travaux, et Grand Jehan ou Jehan Gaide, l'architecte de l'église de la Madeleine de Troyes ; et, au mois d'août suivant, ajoutent les comptes, venaient « Martin « Cambiche (Chambiges), maistre maçon de Beauvais, et Hugues Cuvelier, mais- « tre maçon de Sens », qui était simplement le chef des chantiers de la cathédrale de cette ville.

Les comptes de cette année-là contiennent plusieurs articles spéciaux concernant ce voyage et ce séjour de Martin Chambiges ; il est intéressant de les reproduire :

« Despenses pour la venue de maistre Martin Cambiche, maistre maçon de « Beauvais, Hugues Cuvelier, maistre maçon de Sens.

« A maistre Martin, pour dix-neuf journées qu'il a occupées à venir dudit « Beauvais, séjourner par huit jours et demy en cette ville et là resté pour retour- « ner audit Beauvais, pour ses peines et voyages, sans la despense de bouche, « par accort fait à lui, au moys d'août luy fut baillé XII escus au soulel, ci : XII l.

« Item à luy, qui luy avoit esté baillé à Paris pour venir jusques en ceste « ville . . . . LX s.

« A Hugues Cuvelier, son serviteur, qu'il a esté avec le dit maistre Martin, « son maistre, par l'advis de messieurs et ledit maistre Martin, luy ai baillé trois « escus d'or à la coronne, ci : . . . . CV s.

(1) Pigeotte, *Etude sur les travaux d'achèvement de la cathédrale de Troyes*, page 55.
(2) Archives départementales de l'Aube, Registres capitulaires de la cathédrale de Troyes.

« A Jehançon Garnache pour cinq journées ouvrans qu'il a esté a accompa-
« gner ledit maistre Martin à iiii s. ii d. par jour . . . . xx s. xd.

« A Henrion Sonnet pour seize journées de chevaulx desdits maçons à ii s.
« vi d. par jour . . . . xl s.

« Au dit Henrion Sonnet pour certaine dépense faite au soir, dans sa maison,
« par lesdits maçons Jehançon et autres maçons et charpentiers de la Ville, com-
« prins le jour que le dit maistre Martin fit son rapport au Chapitre et pour tout
« le temps qu'il a esté logé chez le dit Henrion . . . . xxi s. viii d.

« A moy pour avoir gouverné le dit maistre Martin, son serviteur et Jehançon
« à tous repas hors de ma maison et dedans, pour huit journées et demye; pour
« toute despense . . . |. . . . . iiii L. vi s. viii d.

« A deux manouvriers pour chacun une journée à faire une fosse contre la
« loge des maçons pour veoir par le dit maistre Martin les fondements de l'an-
« cienne maçonnerie à ii s. xi d. valent . . . . v s.

« A Colleçon Faulchot et Girard son fils pour avoir rempli la dite
« fosse. . . . . ii s. vi d.

« Somme toute. . . . . xxxix l. xv s. viii d.

Un article de ces comptes fait mention d'une bourse que le chanoine chargé
des finances du Chapitre envoya à la femme de Martin Chambiges, et qui fut achetée, layette comprise, à la femme Hutier de la Viezville par un autre chanoine,
maistre Jaquoti, la somme de . . . . xiii s.

Les chanoines de la cathédrale de Troyes avaient fait appel à Martin Chambiges parce qu'ils connaissaient ses talents de maître maçon-tailleur de
pierre. La construction de la façade méridionale de la cathédrale de Sens, achevée
en 1499, leur donnait toutes les garanties désirables d'une création architecturale
nouvelle qui compléterait admirablement l'œuvre de l'évêque Hervé, et qui ferait
grand honneur à la cité. Les relations artistiques entre Sens et Troyes étaient constantes; et Martin Chambiges s'était déjà trouvé souvent en rapports professionnels
avec beaucoup d'artistes troyens. La verrière de la rose de la façade méridionale
avait été faite par Balthazar Goudon ou Godon, Lyevin Varin, et Jean Verrat, les
trois habiles peintres des vitraux, si intéressants, des collatéraux de la cathédrale
de Troyes, terminés quelques années auparavant. Il est probable que le maître
des œuvres avait également employé, pour l'ornementation sculpturale des deux

façades, des sculpteurs de l'École de Troyes, qui était, à ce moment, très florissante.

A la suite de sa visite, Martin Chambiges dressa de la nouvelle façade à construire des plans très personnels et très originaux, absolument différents des plans primitifs, car cette façade ne rappelle en rien, ni par ses dispositions architecturales, ni par son ornementation, le portail du nord bâti au XIIIe siècle. Comme à Beauvais, et à Sens, ayant à terminer un édifice ancien, le maître y adapte sa création nouvelle avec une ingéniosité rare, et de telle façon, habile et pratique, qu'il y a entre les deux parties une harmonie parfaite, sans qu'elles se ressemblent tant au point de vue du style qu'au point de vue de l'exécution. Les comptes du Chapitre de la cathédrale pour l'exercice 1502-1503 font mention expresse de ces plans, avec l'indication du nom de leur auteur : Martin Chambiges.

« Voyage de Jehançon Garnache au Aulnay pour porter les faulx mosles faiz par Martin Chambiges, maistre maçon de Beauvais. »

« Payé à Jacques le Fuzelier, messager de ceste ville, pour avoir apporté « de Paris jusques en ceste ville le pourtraitz des tours et porteaulx de ceste « église fais par Martin Cambiches;

« Au dit maistre Martin Cambiche pour avoir faiz lesdits pourtraitz... (le prix « est resté en blanc). »

Les mêmes comptes pour l'exercice 1505-1506 contiennent cette autre mention, non moins précise et formelle :... « la plateforme et les articles faits par « maistre Martin, maçon de Beauvais. »

Le commencement des travaux fut ajourné jusqu'en 1505. Suivant l'usage, le Chapitre avait mandé deux autres architectes : « ung nommé Michel, maistre « maçon de Saint Nicolas en Lorraine, et ung autre maistre maçon du duc de Lor-« raine », pour examiner les plans de Martin Chambiges. Ils vinrent à Troyes, le 5 juin 1505, avec leurs femmes et deux chevaux; ils visitèrent l'emplacement des travaux, étudièrent les plans, — ce qui leur prit quatre heures —, et ils reçurent pour cela une somme de 20 sous.

Le maître maçon de Beauvais fut plusieurs fois invité par le Chapitre à se rendre à Troyes pour commencer les travaux; il ne venait, ni répondait. Était-ce par une négligence qui semble lui avoir été habituelle? Le Chapitre de la cathédrale de Beauvais refusait-il de lui donner un congé de quelques jours? On ne

FAÇADE PRINCIPALE DE LA CATHÉDRALE DE TROYES

le sait. Un passage des comptes pour l'exercice 1506-1507, et une délibération du Chapitre, à la date du 18 septembre 1506, donnent à penser que, lassé du silence obstiné de son architecte, le Chapitre avait demandé à Jehan Gaide, ou Grand Jehan, l'architecte de l'église de la Madeleine, de nouveaux plans, destinés à remplacer ceux de Martin Chambiges. Voici le texte de ce passage des comptes :

« A Grand Jehan, le maçon, à Jehançon Garnache, Jehan Bailly, aussi
« maçons, à Jehan Charbonnier, et Jehan de Dijon, charpentiers, auxquels ledit
« Grand Jehan montra en Chapitre, le jour Sainte-Croix, en septembre, une plate
« forme qu'il avait faite des deux tours qu'on veut faire en la dite église, pour
« déjeuner ensemble. . . . . v s. (1 franc).

« Audit Grand Jehan Gaide, maçon, pour avoir fait la dite plate forme et
« le pourtraict des dites deux tours par luy montrés et exhibés, pour ses peines et
« salaires . . . . vii l. (28 francs)

« En ce jour du Seigneur, rapporte la délibération, se réunit le magistrat de
« la fabrique pour entendre et payer un certain tailleur de pierre, surnommé
« Grand Jehan, pour certains devis en image, soit un pourtraict, fait par lui, des
« tours de l'église sur une peau en parchemin ».

Soit que les plans de Jehan Gaide n'aient pas satisfait le Chapitre, soit que Martin Chambiges, informé de la concurrence qui lui avait été suscitée, se soit, en accourant à Troyes, empressé de parer à toute éventualité fâcheuse pour lui, les comptes de ce même exercice signalent son arrivée, le 23 octobre 1506, avec un neveu dont ils ne donnent pas le nom, très probablement Légier Chambiges, que nous trouverons mentionné dans le rapport d'un autre voyage. Le maître maçon examine l'emplacement futur des travaux, va visiter les carrières de Pont-Hubert, Culoison, et Sainte-Maure, dresse « les mémoires de ce qui est affaire pour « faire les provisions et aultres choses pour commencer. » Le Chapitre lui alloue pour « son voyage, peines et vacations, et d'un sien neupveu qu'il avait admené « avec luy, douze escus au soleil, soit 22 livres tournois » (88 francs). En outre, il fait payer 48 sous à l'hôtesse du Chaudron, pour « la despense faite en sa maison « par le dit maistre Martin et neupveu et leurs chevaulx. »

Sur le rapport du maître des œuvres, le Chapitre avait décidé que la construction de la façade commencerait par le côté nord. Les travaux d'excavation furent entrepris immédiatement; et, en mars 1507, le terrain était reconnu propre à recevoir les fondations de la tour Saint-Pierre.

Le 8 de ce mois, le Chapitre convoquait « Grand Jehan, le maçon Jehançon
« Garnache, Jehan Bailly, Germain Perrier, de Tanlay, tous maçons; maistre Jehan
« Honnet, Jehan de Dijon, Jehan Carbonnier, Jehan de Gray, et Jehan Oudot,
« charpentiers, avec aultres gens de bien de la ville, marchands et aultres, pour avoir
« leur advis sur ce qui était à faire touchant les fondements de la tour qu'il con-
« vient de faire devers le parvy, et aussy de transporter le beuffroi (beffroi) où sont
« les cloches, et aussi d'abattre partie de l'ancienne tour par devers le pavé ».
Après l'examen des lieux et la délibération qui s'ensuivit, le Chapitre leur offrit
à dîner, et dépensa de ce fait la somme de 3o sous (6 francs).

En avril, par l'intermédiaire d'un haut dignitaire de la cathédrale, à ce
moment à Paris, Martin Chambiges était prié de venir à Troyes se rendre compte
de l'état des travaux. Cette démarche n'eut pas de résultat. Alors, le Chapitre
envoya à Beauvais un messager, avec mission d' « admener le dit maistre Martin
« pour veoir le crot des dits fondemens de la tour devers le pavey ». L'architecte
céda à ces nouvelles instances; il fit le voyage, qui, séjour, aller et retour, dura
dix jours, et pour lequel il reçut 10 écus au soleil ou 18 livres, 6 sous,
8 deniers (74 fr. 40). Le 3 mai, jour de la Sainte-Croix, la première pierre des
fondations de la tour était posée; et le Chapitre faisait dire une messe de saint
Pierre, en présence de maître Martin Chambiges et des autres maçons, pour
célébrer cet heureux événement.

Les comptes nous révèlent les soins hygiéniques et les mesures de précaution
contre le froid et les intempéries pris, sur l'ordre du maître des œuvres, à
l'égard des ouvriers occupés aux travaux de la cathédrale. On paie « à un
« cordonnier 8 livres, 15 sous (35 francs), pour cinq paires de houseaulx larges
« et longs, en façon de houseaulx à pescher, pour servir aux maçons et
« manouvriers pour les garder du froid, pour ce que par aucune fois, l'eau
« soulsit es fondemens et ne sçavoyent besongner sans les dicts houseaux;
« pour chacune paire xxxv sous ». Un gantier livre treize paires de gants de
peau de mouton double, à 2 sous la paire (40 centimes), pour que « le mortier ne
« gâtat pas les mains des maçons »; et un sabotier reçoit la commande de deux paires
de sabots, à 10 deniers (16 centimes) la paire, « pour ceulx qui font le mortier,
« pour ce que la chaulx brusle leurs souliers ». Le commencement et l'achèvement
de certains travaux importants et délicats sont fêtés par des réjouissances d'un

caractère familial, témoignant à la fois de la cordialité qui régnait entre compagnons et maîtres, et des traditions de réunions joyeuses maintenues dans les corporations ouvrières.

Fin juillet 1507, le Chapitre envoyait un message à Martin Chambiges « pour le prier de venir alléger les fondemens par devers le pavé »; et, afin de décider à se rendre à l'invitation l'architecte généralement récalcitrant, il joint à la lettre deux bourses, du prix de 30 sous (6 francs) pièce, pour sa femme et pour sa fille. Il est probable que ces instances et cette galanterie ne déterminèrent point Martin Chambiges à faire le voyage : les comptes du Chapitre pour cet exercice n'en font pas mention. Nous ne le retrouverons à Troyes que dans la semaine de Pâques de l'année 1508. Il loge « en l'ostel de mons' l'archidiacre d'Arajes » ; et, le jour de Quasimodo, le Chapitre lui fait un cadeau de vins. Le 29 janvier 1509, un messager conduisait un cheval à Beauvais pour en ramener le maître. Les comptes font connaître spécialement, à propos de ce voyage, que la location du cheval à un mercier coûta 2 sous et 2 deniers (42 centimes) par jour; son harnachement, 4 sous et 2 deniers (96 centimes), et son entretien, 2 sous 6 deniers (46 centimes) par jour. Le Chapitre avait loué dans une hôtellerie, dite de la Hache, appartenant à Carbonnier (ou Charbonnier), maître charpentier, située près de la cathédrale, « une chambre, avec une petite garde-robe, et ensemble toute la fourniture de la dite chambre », pour le prix de 15 sous (3 francs) par mois. Le 15 février, Martin Chambiges arrivait à Troyes, en compagnie de deux maîtres maçons tailleurs de pierre, Légier Chambiges, — sans aucun doute le neveu qui avait déjà fait le voyage en octobre 1506 —, et Simon de Saint-Thomer (Saint-Omer), désignés comme ses « varlets » ou « serviteurs ». Les comptes donnent les chiffres des salaires payés aux uns et aux autres, pendant cette période active des travaux des fondations. Martin Chambiges reçoit 40 sous (8 francs) par semaine ; Légier Chambiges et Simon de Saint-Omer sont payés 4 sous, 2 deniers (86 centimes) par jour. En outre, le Chapitre faisait présent au maître, dès son retour, d'un muid de vin rouge de Torvilliers, acheté 60 sous (12 francs).

Le séjour de Martin Chambiges fut de deux mois. Le 18 avril 1509, il repartait pour Beauvais, laissant à Troyes Légier Chambiges et Simon de Saint-Omer. Le Chapitre l'avait comblé de présents et de gratifications, en témoignage de contentement. Comme ses gages ordinaires « étaient petits », et pour le couvrir de ses dépenses de retour, il lui fit donner 12 écus au soleil (environ 96 francs), et une paire de brodequins. Il décida, en même temps, qu'il serait offert à sa femme et à sa fille deux bourses, l'une de drap d'or, et l'autre de velours, « nervée de drap d'or », qui coûtèrent 4 livres 10 sous (18 francs); et, comme sa fille devait se marier à la Pentecôte avec Jean de Damas, un maître maçon, le Chapitre offrit à la fiancée, en cadeau de noces, six écus à la couronne (environ 48 francs).

En juin, envoyés par Martin Chambiges, pour aider Légier Chambiges et Simon de Saint-Omer, arrivèrent à Troyes Jean de Damas, ou de Soissons, son gendre, Pierre Ier Chambiges, son fils, et Pierre de Damas, frère cadet du premier. La situation de Jean de Damas était prépondérante ; souvent le maître l'avait chargé de le suppléer dans la direction des travaux. Jean de Damas touche 5 sous (1 franc) par jour, comme Jehançon Garnache et Jehan Ier Bailly, maîtres maçons-tailleurs de pierre, depuis longtemps attachés aux travaux de la cathédrale. Les comptes signalent des dépenses pour réparations exécutées à la maison « en laquelle il convient « loger Jehan de Soissons, gendre de Martin Chambiches », qui amenait sa jeune femme. Pierre Ier Chambiges et Pierre de Damas sont assimilés, comme salaires, aux « varlets » de Martin Chambiges.

Le 3 février 1510, le Chapitre envoyait à Beauvais Pierre Ier Chambiges pour ramener son père, qui arrivait à Troyes le 15, et y séjournait jusques à la fin d'avril, recevant, comme à son voyage précédent, 40 sous de salaires et d'indemnités par semaine. Le 31 août 1511, Martin Chambiges revenait à Troyes, accompagné par un maître maçon du nom de Martin Ménart. Le séjour de Martin Chambiges fut d'une semaine; il repartait le 22, avec son fils, auquel le Chapitre donna 37 sous de gratification, « afin qu'il solliscitat son père quand on le demandera ».

Le but du voyage avait été l'étude sur place des travaux à exécuter pour la construction de la tour Saint-Paul et du portail de gauche; la maçonnerie de la tour Saint-Pierre, du portail de droite, et du portail central s'élevait déjà à plusieurs mètres du sol. A cet effet, le 14 septembre, eut lieu une réunion des maîtres maçons Martin Chambiges, Jean de Damas, Jehançon Garnache, et Jehan Ier Bailly, de l'évêque, du bailli, du doyen et des membres du Chapitre, et de divers notables de la ville, pour délibérer à ce propos. Un dîner, pour lequel il fut dépensé 12 sous et 6 deniers (3 francs), suivit la réunion. On commença immédiatement les

travaux de démolition de diverses constructions anciennes, sises sur l'emplacement de la tour et du portail nouveau, et les travaux de terrassement. La
première pierre des fondations de la tour Saint-Paul était posée le 11 mai 1512,
par l'évêque d'Auxerre, messire Jehan Baillet, en présence de Martin Chambiges,
qui séjourna à Troyes quatre semaines environ. Un an après, le 16 mai 1513, le
maître revenait pour surveiller les premières « assiettes » de la tour Saint-Paul, et
la taille des pierres du gros pilier ou trumeau. Au mois de juin 1514, le Chapitre
envoya à Beauvais un messager avec un cheval, pour le ramener, en vue de la
surveillance de certains travaux délicats, pour l'exécution desquels il était nécessaire
d'avoir les plans de l'édifice ; Martin Chambiges déclara qu'il ne pouvait faire le
voyage « à cause d'un fondement qu'il avait commencé avant l'arrivée du dit
messaige ». Le messager attendit douze jours, après lesquels le maître, qui ne
voulait point confier ses plans à un étranger, se décida à les faire porter à Troyes
par sa femme. Celle-ci avait ordre de ne pas s'en dessaisir ; elle les rapportait
au bout de quatre jours. Le Chapitre lui donna, pour son voyage et pour son séjour,
sept livres d'indemnités et de gratifications, afin que, de retour, elle engageât son
mari à faire le voyage, « pour ce que grande nécessité est qu'il vienne ». Martin
Chambiges persistant dans son refus de se rendre à Troyes, Jean de Damas lui fut
envoyé vers la fin de juillet. Réussit-il dans sa difficile mission? Les comptes
ne nous l'apprennent point.

En 1516, Martin Chambiges manifesta le désir d'être suppléé par son gendre
dans la direction des travaux. Par délibération, en date du 3 décembre, le Chapitre
déclara qu'il ne s'opposait pas à ce que Jean de Damas eut la conduite des travaux ;
mais, il ne consentait point à décharger le maître des œuvres ni de l'obligation de
les diriger, ni de la responsabilité qui lui en incombait. Jean de Damas fût donc investi
de la fonction; et les comptes de l'exercice 1517-1518 nous informent qu'il reçut
du Chapitre, à cette occasion, une pension de douze livres tournois (48 francs),
payable par mensualité de vingt sous, « jusqu'à la venue de maistre Martin
Cambiche et tant qu'il plaira à messeigneurs ». Le 8 juin 1517, Pierre Iᵉʳ Chambiges,
qui, à ce moment là, secondait son père dans la direction des travaux de la
cathédrale de Beauvais, fut délégué par lui pour examiner les travaux exécutés à
la cathédrale de Troyes, depuis le dernier voyage du maître. Il approuva tout ce
qu'avait fait Jean de Damas; et, de retour, en faisait un rapport à « messieurs » du
Chapitre, qui l'eurent « bien agréable». Il fut payé à Pierre Iᵉʳ Chambiges, pour cette

mission, dix écus au soleil (80 francs), par l'intermédiaire du doyen de Saint-Étienne-du-Mont à Paris et de « monsieur Turquin ». On lui donna, en outre, en présents pour sa femme et ses filles plusieurs bourses. Jean de Damas reçut également du Chapitre des témoignages de sa satisfaction, à la suite de ce rapport. Il fut nommé « maistre de l'œuvre », et son salaire hebdomadaire était porté à 40 sous (8 francs), « à condition, ajoutait la délibération, qu'il ne se louera à personne « et qu'avant la fin de sa vie il n'abandonnera pas l'entreprise commencée ». Cette condition visait, malicieusement et d'une façon directe, Martin Chambiges dont les atermoiements incessants, les refus continuels de venir à Troyes, et la préférence accordée à la cathédrale de Beauvais avaient laissé un fâcheux souvenir aux chanoines troyens, pressés de voir leur cathédrale achevée.

En juillet 1527, le rez-de-chaussée de la façade jusqu'aux premières galeries, sises au-dessus des tympans des trois portes, était terminé et décoré des « ymaiges » ou « hystoires » de Nicolas Halins, le « maistre ymaigier » de Troyes. Jean de Damas tombait malade au cours de l'été de l'année 1531 ; et, à la fin d'octobre, il devait s'aliter. Il mourut le 21 décembre. Le Chapitre chargea son frère Pierre de Damas de le suppléer dans la direction des travaux. Au cours de la seconde semaine de février 1532, on abattait les derniers débris de la vieille tour, tout ce qui restait de l'église de 980.

Le 31 mars 1532, Jehan II Bailly recevait l'ordre de se rendre à Beauvais auprès de Martin Chambiges, de le consulter sur les travaux à exécuter pour l'achèvement de la façade ; puis à Paris, auprès de Pierre Ier Chambiges « le quérir tout « exprès pour sçavoir de luy son oppinion sur la fondation des « piliers parvoye » (piliers intérieurs destinés à soutenir les murs des tours et de la façade en arrière des portails), et afin de « pourveoir d'un maistre maçon pour conduyre et avoir la « charge de la maçonnerye de ceste église, attendu que puis naguères feu Jehan de « Damas, dict de Soissons, est allé de vie à trépas, qui avait la charge de ceste « maçonnerye ». Le 17 mai, sur la présentation de Pierre Ier Chambiges, le Chapitre décidait de remplacer Jean de Damas par son gendre Jehan II Bailly, fils ou neveu du vieux maître maçon, dont le nom a été si fréquemment mentionné dans les comptes et dans les délibérations du Chapitre ; et de lui adjoindre Pierre de Damas, qui se retira cinq mois après. Leur salaire fut fixé à 40 sous (8 francs) par semaine.

La construction de la tour Saint-Pierre avait été suspendue à la hauteur du pignon de la façade, pour commencer les travaux de la tour Saint-Paul ; Jehan II

Bailly la fit reprendre. Il commença la construction des arcs doubleaux qui se trouvent intérieurement sous la tour Saint-Pierre, et celle des murailles de la tour sur la place et sur la rue. Les comptes de l'exercice 1540-1541 signalent le payement de « vingt trois journées du louage d'un cheval à v sous tournois (1 franc) « chacun jour pour le maistre qui alloit à Paris pour consulter et communiquer à « maistre Pierre Cambiche l'affaire des tours de l'église ». Les hautes voûtes intérieures du grand portail étaient achevées en 1546, et, à la fin de cette année là, la maçonnerie de la rose. En 1559, le 19 août, Jehan II Bailly mourait, laissant tout le premier étage de la façade achevé, la tour Saint-Paul amenée à la hauteur qu'elle a aujourd'hui, et la tour Saint-Pierre atteignant la corniche qui est au-dessus de l'arc en plein cintre, dans lequel s'encadre l'horloge.

A Jehan II Bailly succéda Gabriel Favereau, aux gages de 6 sous 8 deniers (1 franc 80) par jour de travail, avec le logement. Ce nouveau maître de l'œuvre n'appartenait pas à la famille Chambiges. Le gendre et le petit-fils de Martin Chambiges avaient pieusement respecté les plans du vieux maître ; Gabriel Favereau leur apporta des modifications, qui, à partir de ce point de l'édifice, en changent complètement le style. Gabriel Favereau mourut en 1577, et fut remplacé par Girard Faulchot, qui est le dernier « maistre maçon de l'église », et dont le nom disparaît des comptes au cours de l'exercice 1606-1607.

La façade mesure cinquante mètres de largeur et trente mètres de hauteur, du sol au sommet de la galerie supérieure. Elle est divisée en trois parties par quatre contreforts. Les deux contreforts de droite étayent la tour Saint-Pierre, ou tour du nord, dont la hauteur est de quarante et un mètres ; et les deux de gauche, la tour Saint-Paul, ou tour du sud, reste inachevée à partir de la galerie supérieure. Entre les contreforts, trois portails donnent accès dans l'édifice, celui du milieu plus élevé, d'un tiers environ, que les deux portails latéraux.

Le portail central s'ébrase en une série d'archivoltes formées alternativement de gorges, de filets, et de moulures prismatiques. Quatre archivoltes sont ornées de redans trilobés, diminuant de grandeur suivant le développement de leur ouverture. Sur la première archivolte, ces redans s'arrêtent à la hauteur de la jonction avec la base du gâble ; sur les trois autres, ils descendent jusqu'au sommet des pinacles des niches qui en décorent les soubassements. La gorge voisine de l'archivolte du fond de l'ébrasement, qui forme le cadre du tympan des deux portes, est ornée d'un décor de rinceaux de ronces, d'épines, de ceps de vigne, et de branches de chêne; des figures d'enfants nus y alternent avec des sirènes, des lions, des singes, des dragons, et des chimères. Les gorges entre les archivoltes de milieu, dans la partie ogivale, sont garnies de quatorze dais à plusieurs pans, formant à leur sommet consoles pour des figurines aujourd'hui disparues; et, dans la partie verticale, de grandes niches à pinacle, qui contenaient autrefois des statues. Les piédestaux de ces niches, à trois faces, portent des arabesques insérées dans des fenestrages, et auxquelles sont suspendues les armoiries des membres du Chapitre, en fonction au moment de l'exécution de cette décoration. L'ébrasement des deux portails latéraux répète, sans imitation servile, tous ces motifs décoratifs variés, et dans des dimensions réduites proportionnellement à celles du portail central.

« L'ymaigier » Nicolas Halins avait orné le grand portail de milieu « d'hystoires » représentant les principaux épisodes de la Passion de Notre Seigneur Jésus-Christ; elles décoraient le tympan, dont les vastes proportions correspondent au nombre de ces hauts reliefs, qui devaient rappeler ceux que les imagiers du Moyen âge avaient l'habitude de mettre dans les tympans des portails des vieilles cathédrales romanes et gothiques. Il y avait aussi des statues dans les vingt-deux niches. D'après les renseignements, malheureusement très sommaires et très peu nombreux, qui sont épars dans les comptes, on peut supposer que ces statues étaient principalement celles des évangélistes et des apôtres. La tradition en attribue le plus grand nombre à François Gentil, le célèbre sculpteur de Troyes.

Sur le portail nord, Nicolas Halins avait sculpté des « hystoires de la vie saint Pierre », et, sur le portail sud, autant de la vie de saint Paul. Un autre « ymaigier, » Yvon Bachot, collabora à la statuaire de la façade.

Deux passages des comptes du Chapitre contiennent des renseignements intéressants sur la façon dont fut composée et exécutée cette décoration sculpturale des trois portails au cours de l'exercice 1517—1518. Il fut payé 40 sous (8 francs) « à Jehan Briaix, paintre, pour avoir fait, en papier, de blanc et noir, ung Dieu « pour l'estanfiche du principal portail, deux saincts Pierre et ung sainct Paul, pour « iceulx monstrer à messeigneurs pour savoir s'ils seront bons patrons, pour sur « iceulx faire les ymaiges de la grandeur qui les convient pour les porteaulx ou « estanfiches ». Ailleurs, il est écrit que Nicolas Halins fit marché, avec messeigneurs du Chapitre, pour la somme de 36 livres tournois (144 francs), de faire un groupe de Notre-Dame-de-Pitié, de saint Jean, et de la Madeleine, « selon le volume

Photographie Neurdein frères.

Phototypie Berthaud.

PORTAIL CENTRAL DE LA FAÇADE PRINCIPALE DE LA CATHÉDRALE DE TROYES

et l'ordre que le maistre maçon de cette église lui a donnés ». A Troyes, comme
ailleurs, Martin Chambiges était donc bien l'architecte de l'édifice, au sens le plus
large du terme moderne, dirigeant à la fois l'ornementation et la construction. Et,
ainsi, se trouve infirmée la thèse historique, émise par quelques écrivains, de la dis-
sociation complète, en ce temps, des métiers de maçons et ymaigiers, travaillant
sans unité de direction, en pleine autonomie corporative ou personnelle.

La porte du portail central est en double baie encadrée de lintaux courbés, et
de piédroits à moulures anguleuses et gorges ornées de feuillages divers, de figures d'enfants et de griffons; la même ornementation se reproduit dans l'archivolte qui réunit les linteaux, et s'appuie, de chaque côté, sur les pinacles des niches
de l'archivolte intérieure du portail. Les rampants des linteaux portent des dragons montés par des enfants qui les excitent et des dragons dévorant les enfants.

De la base de la première archivolte ogivale du portail central aux pendentifs
trilobés, s'élève un gâble triangulaire ajouré. Les rempants du gâble portent des
crochets de feuilles de chardon et de chou, séparés par des salamandres, des dragons,
et des enfants qui cherchent à leur ouvrir la gueule. Dans la partie supérieure du
gâble sont insérées trois niches au dais ajouré à la façon d'une dentelle; le dais
de la niche de milieu s'agrémente d'un pinacle maintenu par des pilastres et des
aiguilles, et contrebuté par des meneaux et des fleurons. Ces niches abritaient
autrefois la Notre-Dame-de-Pitié, la Marie-Madeleine, et le saint Jean, œuvres
de Nicolas Halins. Des consoles apparentes sur les rampants du gâble font
supposer qu'elles devaient supporter des figures d'anges tenant en mains les instru-
ments de la Passion. L'extrémité du gâble était jadis surmontée d'une croix fleuronnée à pans, accompagnée de festons et d'aiguilles à crochets analogues à ceux
qui décorent les rampants. Les gâbles des portails latéraux n'ont point de niches.

La décoration du portail central, à l'intérieur, est aussi riche et original qu'à
l'extérieur. Sur les faces des piédroits et du trumeau sont sculptés les emblèmes,
armes et devises de Louis XII, d'Anne de Bretagne, et de François Ier: porc-épics,
hermines et salamandres. Les piédroits s'élèvent en pinacles sveltes et finement
dentelés, qui servent de points d'appui à l'archivolte du tympan décoré de meneaux
sur le nu du mur, que divisent des moulures contournées et garnies de figures
d'enfants et d'animaux. Au-dessus, se développe une tribune dont la balustrade est
ajourée en façon de quatre-feuilles. La corniche sur laquelle porte la tribune a ses
deux gorges ornées de figures d'enfants, d'animaux fantastiques et au naturel, dans

les attitudes et les poses les plus variées et les plus plaisantes : un lézard dont un enfant tire la queue, un griffon dévorant un quadrupède, un oiseau qui s'arrache des plumes pour faire son nid, etc., etc. La paroi au-dessous de la tribune est garnie de huit niches rappelant dans leurs dispositions et leur ornementation les niches de la façade extérieure.

L'ornementation des autres parties de la façade n'est pas moins riche ni moins originale que celle des portails.

Au-dessus du portail central, est une plate-forme bordée par une balustrade, que décorent des ornements trilobés, de petits contreforts, et des fleurs de lis ajourées. Ces fleurs de lis constituent une particularité de décoration qui doit être signalée avec soin, parce qu'elle semble être une invention personnelle de Martin Chambiges, qui l'a répétée abondamment dans la façade méridionale de la cathédrale de Senlis. Nous la retrouvons à la Tour Saint-Jacques-de-la-Boucherie, à Paris, dont il pourrait fort bien aussi avoir donné les plans et dirigé les constructions. De chaque côté, à l'angle, près du contrefort, se détache de la plate-bande une énorme gargouille, formée ici d'un monstre ailé, là d'un griffon, en lutte avec une salamandre ou un reptile. Les portails latéraux sont surmontés également d'une plate-forme du même genre, en communication avec la plate-forme centrale par deux passages pratiqués dans l'intérieur des contreforts de milieu, et dont les portes ont leurs linteaux ornés d'un groupe représentant, à droite, un athlète terrassant un lion, à gauche, deux lutteurs.

En retrait de la plate-forme centrale s'ajoure la grande rose, qui mesure huit mètres de diamètre et comprend douze compartiments d'entrelacs d'une rare beauté de lignes géométriques, et d'une légèreté de sculpture admirable. Elle est une imitation de la rose de la cathédrale de Sens, qui est tenue pour un des types les plus remarquables de ce genre d'ornementation des églises ogivales.

La rose porte sur deux arcs de décharge s'appuyant sur le contrefort de chaque côté et sur un cintre de milieu. Elle s'insère dans une arcade ogivale vigoureuse, dont l'archivolte est décorée de riches rinceaux ajourés, de gorges où se pourchassent des figures d'enfants et d'hommes, des animaux fantastiques ; dont les moulures s'enroulent aux écoinçons en cercles trilobés, et se terminent, au sommet, par une sorte de gable en accolade formant l'encadrement du tympan qui contient les armes de la ville de Troyes, encadrées de branches de chêne et de laurier.

Au-dessus des portails latéraux et des plates-formes, le mur plein est orné de cinq pilastres divisés en deux parties par une moulure formant corniche, la première carrée et unie, la seconde à deux gorges, et s'effilant en une aiguille triangulaire à fines dentelures, qui se soude aux cintres trilobés sculptés au-dessous de la balustrade de la galerie supérieure. Entre ces pilastres, sont quatre niches à soubassement encorbellé et à dais ajouré, dont les deux pointes en accolade s'ornent de crocs de feuilles de chou.

Les deux contreforts de milieu, qui encadrent le portail central et la rose, sont, dans toute leur hauteur, hexagonaux, et divisés en deux étages par une forte plate-bande. Chaque pan est un pilastre élancé, se développant dans toute la hauteur, agrémenté de fines aiguilles de pierre, qui séparent un double étage de niches profondes, à base et dais fort délicatement décorés.

Les contreforts d'angle, au nombre de trois, de forme carrée, ont un soubassement lisse, qui s'élève jusqu'au niveau des linteaux des portes. Au-dessus du bandeau en larmier, les pans sont décorés de deux larges niches géminées, et séparées par des pilastres aux fines moulures, que surmontent des pinacles légers en flèche, sur les rampes desquelles jouent des dragons ailés entre des crocs de chou frisé, et dont les consoles ont une ornementation touffue de feuillages, de chimères, et d'enfants nus jouant avec des animaux fantastiques. Les pilastres portent une fausse balustrade qui continue celle des plates-formes des portails latéraux. Au-dessus du bandeau intermédiaire, le contrefort proche du portail latéral est divisé en deux pilastres évidés, formant deux niches surmontées d'archi-voltes à décors trilobés, terminées par des pinacles à crochets de chou, entre lesquels le contrefort devient triangulaire. Au-dessus des pinacles, deux moulures contre-courbées se terminent en aiguille accostant le larmier qui correspond à la balus-trade de la galerie supérieure. Les deux autres contreforts sont, au contraire, trian-gulaires à leur base, au-dessus du bandeau intermédiaire; et, à partir du dais de la niche, unique sur chaque face, prennent la forme d'un pilastre.

Sur la tour Saint-Pierre, le contrefort d'angle se continue, à la hauteur de la galerie supérieure, par un pilastre orné d'un fenestrage géminé, que surmontent des pinacles et des aiguilles; et le contrefort de milieu, par un pilastre décoré de deux colonnettes soutenant une archivolte en accolade et fleuronnée, disposition qui se répète sur la face en retour du côté de la galerie. A l'extrémité de cette face se détache, en arrachement, la base d'un arc de cercle indiquant le projet d'une galerie à arcades, en retrait, reliant les deux tours, dans le genre de celle qui se voit à Notre-Dame-de-Paris (1). Près de cette base est une figure de vieillard portant dans ses mains une banderole sur laquelle on lit la date de 1554, qui est celle de l'année où fut achevée cette partie de l'édifice. La corniche des contreforts a sa gorge ornée de feuillages, d'animaux fantastiques, de lions, d'aigles, de singes, et de dauphins, s'enlaçant pittoresquement avec le chiffre d'Henri II, et sa devise : « Donec totum impleat orbem ». Aux angles de cette corniche sont accrochées des gargouilles.

Le cadran de l'horloge est inséré dans une arcature plein cintre, vigoureusement moulurée ; et, sur la plate-forme, on lit la date de la pose de l'horloge : 1574. La façade est couronnée par la balustrade ajourée de la plate-forme supérieure, aux angles de laquelle se détachent en large saillie des gargouilles pittoresques, en forme de dragons ailés.

Là, se termine extérieurement l'œuvre de Martin Chambiges, présentant dans toutes ses parties une unité d'architecture et d'ornementation qui prouvent, irréfutablement, l'exécution fidèle des plans de 1502 par le gendre et le petit-fils du maître maçon, sous sa surveillance directe et sous celle de son fils, Pierre Ier Chambiges.

Dans la construction et l'ornementation de la façade de la cathédrale de Troyes, Martin Chambiges a fait preuve d'une puissance, d'une fécondité, et d'une fraîcheur d'imagination, dont les œuvres architecturales de ce temps n'offrent pas d'exemples aussi complets. Cette façade est d'une richesse, d'une élégance exceptionnelles ; elle constitue ainsi un des plus beaux types originaux du style original flamboyant du commencement du XVI° siècle.

(1) FICHOT, *Statistique monumentale du département de l'Aube*, Troyes, cathédrale.

NOTRE-DAME DE SENLIS

Les consultations de Martin Chambiges.
Pierre Ier Chambiges et Jean Dizieult.
Autres œuvres présumées de Martin Chambiges.

Au mois de juin 1504, un violent incendie détruisait la couverture, les combles, et l'étage supérieur de la cathédrale de Senlis. Dans une requête adressée à Louis XII en vue d'obtenir des subsides pour restaurer l'édifice, l'évêque et le Chapitre écrivaient : « Plaise au roy d'avoir pittié et compassion de la paoure « église de Senlis, laquelle par infortune et inconvénient du feu a estée brulée, « les cloches fondues, et le clocher qui est grant, magnifique et des plus singu- « liers du Royaume, au moyen dudit feu tellement endommagé qu'il est en « danger de tomber. »

Le maître maçon Gilles Hazard, maître des œuvres de maçonnerie de la cathédrale, fut chargé d'aller quérir immédiatement, pour qu'ils donnassent leur avis sur les réparations à faire, « Martin Chambiges, demeurant à Beauvais, « Pierre Nanyer, dit de Meaulx (1), demeurant à Compiengne, massons jurés és « dites villes, et Lyenin Jehan, plompbeur demeurant à Beauvais ». Il leur fut payé, par maître Pierre Légier, chanoine, la somme de douze livres tournois (48 francs) pour « vacations, journées et salaires d'avoir vacqué à

---

(1) Pierre Nanyer, dit de Meaulx, est, avec Jehan II Masse, le maître des œuvres de l'original et pittoresque Hôtel de Ville de Compiègne, élevé de 1505 à 1508, sous le règne de Louis XII, dont la statue orne la façade en commémoration de la période de construction de l'édifice ; il avait donc une certaine réputation et une autorité professionnelle incontestée.

« faire la visitation de la dite église » (1). On possède le reçu collectif de cette somme; il porte les signatures de Pierre Nanyer et Lyenin Jehan; Martin Chambiges, qui était complétement illettré, apposa, au lieu et place de sa signature, une croix; ce dont le chanoine fit une mention spéciale sur la pièce de comptabilité (2).

A la suite de cette visite, le Chapitre fit procéder aux travaux les plus urgents dans la nef, sur la façade principale, et au clocher.

En 1516, le Chapitre demandait une nouvelle consultation aux mêmes maîtres maçons, auxquels furent adjoints « Michault de Bray, masson juré, « demeurant à Senlis, et Jean Longuebray, maistre juré sur le fait de charpen- « terye, demeurant à Senlis » (3).

Martin Chambiges était ainsi en relations professionnelles, assez suivies, avec les chanoines de la cathédrale de Senlis, qui, sans aucun doute, connaissaient ses travaux de la cathédrale de Beauvais, et avaient apprécié ses talents d'artiste et de constructeur.

Un extrait des Registres des délibérations du Chapitre de la cathédrale fait mention, en 1514, du nom de Jean de Damas, à l'occasion d'un pavement exécuté dans le chœur (4). En 1518, il est de nouveau question de ce maître maçon-tailleur de pierre à propos de son arrivée à Senlis, le 3 janvier de cette année là (5). Or, on sait que Jean de Damas était le gendre de Martin Chambiges; il avait épousé sa fille en 1509. A la première de ces deux dates, 1514, Jean de Damas travaillait à la façade principale de la cathédrale de Troyes, sous la direction de son beau-père; et, à la seconde date, 1518, Martin Chambiges avait obtenu du Chapitre de cette cathédrale que Jean de Damas le suppléât dans la conduite des travaux, en raison de ses occupations absorbantes à la cathédrale de Beauvais, mais sous la condition formelle de continuer à diriger l'œuvre, et de rester responsable des travaux. On peut donc supposer que Jean de Damas n'était à Senlis, en ces circonstances, que le représentant de son beau-père pour l'entreprise et la surveillance de travaux exécutés sur

---

(1) Archives départementales de l'Oise. Série G., Chapitre de la cathédrale de Senlis, suppl. titres généraux, cote 22, art. 22.

(2) Reçu cité par Couard-Luys, *Note sur une mission de Martin Chambiges.*

(3) Afforty, *Notes sur Senlis*, tome XXI, p. 653. Bibliothèque municipale de Senlis.

(4) Afforty, *Notes sur Senlis*, tome XXIII, p. 524.

(5) Afforty, *Notes sur Senlis*, tome XXIV, p. 150.

les plans de Martin Chambiges. Sinon, il n'aurait point reçu ni du Chapitre, ni du maître des œuvres de la cathédrale de Troyes, l'autorisation d'abandonner pendant quelque temps les chantiers.

Les Registres des délibérations du Chapitre, non plus que les historiens locaux, ne font connaître le but précis ni le résultat définitif de cette consultation de Martin Chambiges, Pierre Nanyer et Michault de Bray, en 1516, sur le fait des travaux à exécuter dans la cathédrale.

En 1517, Guillaume Petit, ou Parvi, cordelier, ancien confesseur de François Ier, et précepteur de ses enfants, fut nommé évêque de Senlis. L'historien provincial du Ruel (1) loue fort le goût artistique, la passion du travail, et l'habileté diplomatique de ce prélat. Très bien en cour, il se fit accorder par le roi des subsides pour l'achèvement de la cathédrale, et pour la construction des façades latérales, qu'il avait fait décider par le Chapitre. Dans les « Actes de François Ier » il est mentionné un mandement daté de Saint-Germain-en-Laye, 21 juillet 1520, adressé aux Conseillers généraux des finances, portant que le Chapitre de Senlis a obtenu une prorogation de quatre années à l'autorisation qui lui avait été donnée de percevoir un denier tournois sur chaque quintal de sel vendu dans les chambres à sel du royaume, pour achever les travaux faits à leur église, à charge de payer la moitié de 150 livres tournois dus à l'église de Saint Aignan d'Orléans. Le 15 octobre 1526, un nouveau mandement prorogeait, également pour quatre années, cet octroi gracieux du roi.

Avant le siège épiscopal de Senlis, Guillaume Petit occupait celui de Troyes. C'est pendant sa prélature que les chantiers de la façade de la cathédrale avaient présenté le plus d'activité : la tour Saint-Pierre était poussée à mi-hauteur, et la tour Saint-Paul était commencée. L'évêque connaissait donc fort bien Martin Chambiges, son fils Pierre Ier, et son gendre Jean de Damas, les ayant vus dans l'exercice de leurs fonctions personnelles de maîtres des œuvres, et de suppléants dans la direction des travaux. Lorsque le Chapitre de Senlis eut à choisir l'architecte des façades latérales à construire, le prélat dut désigner immédiatement le maître maçon-tailleur de pierre dont il avait apprécié les talents exceptionnels. Martin Chambiges fut chargé de dresser les plans des constructions nouvelles. L'entreprise des travaux fut concédée au maître des œuvres de la cathédrale,

(1) Cité par le chanoine MULLER, *Senlis et ses environs*, page 35.

Michel de Bray, ainsi qu'il résulte du passage suivant des registres des délibérations du Chapitre :

« A Michel de Bray, maître maçon et à ses massons pour la pose de la « première pierre du portail du midi, 16 avril 1521, 16 solz » (1).

Martin Chambiges dressa les plans du portail méridional en s'inspirant de ceux qu'il avait imaginés pour les portails latéraux et les transepts des cathédrales de Beauvais et de Sens, et pour la façade principale de la cathédrale de Troyes. Cette inspiration apparaît si directe que la ressemblance entre les portails de Senlis et de Beauvais a frappé plusieurs historiens d'art, particulièrement Daniel Ramée, qui fut chargé, de 1842 à 1846, de la restauration de Notre-Dame de Senlis, (2) et Léon Palustre (3), sans que pourtant ils en aient tiré les déductions logiques qu'elle comporte, et en la faisant même servir à une thèse dont elle est la contradiction.

Absorbé par les travaux de Beauvais, Martin Chambiges confia à son fils l'exécution de ses plans et la direction sur place des travaux de construction, comme il l'avait fait avec son gendre pour les travaux de la cathédrale de Troyes. Entre le court séjour de Pierre Ier Chambiges à Beauvais, en 1518, et le commencement de la reconstruction du grand château de Chantilly, en 1527, il y a une période que remplit cette direction des travaux de la cathédrale de Senlis.

Ce ne sont point là des hypothèses. A la date du 29 juillet 1530, les registres des délibérations du Chapitre contiennent ce passage qui contient la confirmation du fait : (4)

« Vu la requête de Pierre Chambiges et de Jean Dizieult, maîtres de « l'église, les seigneurs (les membres du Chapitre) ont décidé et conclu que dès « maintenant ils toucheront chaque mois six vingt (cent vingts) livres tournois « (480 francs) jusqu'à ce que soient finies les sculptures du portail, et ils ont « décidé que les images seraient faites d'après la devision du R. P. Silvan, « et qu'en outre on leur donnera une somme de quatre vingts livres tournois « pour acquérir et préparer les matériaux, afin de commencer les travaux l'hiver « prochain ; et, avec cela, ils toucheront les six vingts (cent vingts) livres tournois « du présent mois de juillet qui finit dimanche prochain ».

(1) AFFORTY, *Notes sur Senlis*, tome XXIII, page 508.
(2) DANIEL RAMÉE, *Histoire de l'architecture* : Renaissance, page 198.
(3) LÉON PALUSTRE, *La Renaissance en France*, 2e livraison, page 155, en note.
(4) AFFORTY, *Notes sur Senlis*, tome XXIV, page 30.

PORTAIL DE LA FAÇADE MÉRIDIONALE DE NOTRE-DAME DE SENLIS

Lorsque Pierre Ier Chambiges était entré au service du connétable Anne de Montmorency, en 1527, il avait pris Jean Dizieult, maitre maçon de Senlis, pour suppléant dans la direction sur place des travaux de la cathédrale.

Un autre document officiel en fournit une seconde preuve. Dans une déclaration des biens de la paroisse de Saint-Frambourg, à Senlis (1), Jean Dizieult est qualifié : « lieutenant du maître des œuvres de maçonnerie pour le Roy ». Or, ce maître des œuvres de maçonnerie pour le Roy était Pierre Ier Chambiges, qui portait encore, en 1539, le titre officiel de : « maistre d'œuvres du Roy au baillage de Senlis ». Jean Dizieult remplissait purement et simplement, à Senlis, la fonction administrative qu'on a vu remplir, à Sens, par Hugues Cuvelier, dans les travaux de la cathédrale : celle de directeur des chantiers, sous la haute surveillance du véritable maître des œuvres, Martin Chambiges. La somme de 120 livres par mois, dont il est question dans la délibération précédente du Chapitre, ne constitue point les gages mensuels, invraisemblables, de Pierre Chambiges et Jean Dizieult, en qualité de maîtres des œuvres (2), mais exclusivement les salaires mensuels payés collectivement aux « maîtres tailleurs de pierre de l'église », et à leurs ouvriers, conformément au mode d'entreprise adopté par Martin Chambiges pour les travaux de la cathédrale de Senlis, comme il avait été fait déjà pour les travaux de la cathédrale de Sens.

La construction du portail méridional dura un très long temps ; et peut-être même fut interrompue, pendant plusieurs années, jusqu'en 1530, par suite de la pénurie d'argent. Les registres des délibérations du Chapitre, aux dates du 26 septembre 1530 et du 16 novembre 1531, font connaître qu'il était intervenu entre le Chapitre et Guillaume Petit une convention aux termes de laquelle l'évêque cédait gracieusement une portion d'un bâtiment servant de grenier et d'étable à chevaux, dépendant de l'hôtel épiscopal, longue de 30 pieds et large de 21, avec un puits, en face de la « croisée » de la cathédrale du côté de l'hôtel en train d'être reconstruite, « pour faire une place devant la porte, qui est dite de la croisée, et

---

(1) Le Chanoine MULLER, « *Guide dans les rues de Senlis* : Chapitre de la cathédrale.

(2) A Beauvais, Martin Chambiges avait, comme maître des œuvres, 20 livres d'appointements annuels, plus quatre sous par jour de travail, soit environ 60 livres par an, et un pain de prébende par jour, ce qui représentait à peine 100 livres par an. Pierre Ier Chambiges, directeur des travaux de l'Hôtel de Ville de Paris, en 1534, touchait 25 sous par jour de travail. soit environ 400 livres par an. En 1502, au château de Gaillon, Guillaume Senault, l'un des maîtres des œuvres, recevait, pour son travail et la direction des ouvriers, environ 250 livres par an.

« pour l'honneur, décoration et augmentation de la dite église » (1). Le portail était achevé en 1534. A cette date, la rose était vitrée par Jean et Adam Souldier ; Pierre-Charles-François Fercamp faisait les portes ; et le toit était couvert d'ardoises et de plomb par Martin Billet.

La façade septentrionale fut également construite pendant le règne de François Ier. Le monogramme du roi et la salamandre, qui figurent au centre du gable, en sont un témoignage irrécusable. Martin Chambiges avait donné les plans de cette façade, qui furent fidèlement suivis par les maîtres maçons préposés à leur exécution.

Le portail méridional s'ébrase en une série d'archivoltes diversement ornées. Celle du fond de l'ébrasement s'agrémente de dix-huit redans trilobés, qui partent du point de jonction du linteau et du piédroit ; la gorge formant l'encadrement du tympan est remplie de rinceaux de ceps de vignes, de grappes de raisins, de branches de chêne, et de feuilles de chou. La deuxième archivolte contient, dans la partie ogivale, huit niches à dais, dont le bouton supérieur sert de culot à des figurines assises, aujourd'hui mutilées ; et, dans la partie verticale, de chaque côté, une grande niche à pinacle, qui abritait autrefois une statue placée sur un soubassement en forme de tambour hexagonal, richement ouvragé. L'archivolte supérieure présente, comme ornements particuliers, quatre pendentifs carrés, reliés par de fines arcatures ; et la gorge voisine, servant de bordure au portail, a un décor touffu de branches et de feuillages variés. La porte comprend une double baie à linteaux courbés et piédroits sveltes, aux gorges de feuilles et de branchages enroulés. Le trumeau supporte une grande niche à pinacle hexagonal, et à base en forme de tambour. Le tympan est un vitrail double, séparé par un trumeau, qui porte également une niche à très haut pinacle. Les deux écoinçons, de chaque côté, ont une rosace se détachant en fortes moulures sur le nu du mur.

De la base de l'archivolte la plus évasée, s'élève un gable, en forme d'accolade, aux rampants garnis de crochets de feuilles de chou, et se terminant en une haute aiguille, fleuronnée à son sommet. Dans le centre du gable, deux anges soutiennent fièrement l'écu royal de France, que couronne un cimier empenné.

Au-dessus du portail, se développe une galerie à quatre arcades ogivales bilobées et à balustrade ajourée. Cette galerie est surmontée d'une plate-forme, que borde une balustrade au décor de fleurs de lis à jour, qui répète le décor des ba-

(1) Archives départementales de l'Oise, série G : Registres capitulaires de la cathédrale de Senlis.

lustrades surmontant les trois portails de la façade principale de la cathédrale de Troyes. En retrait de cette plate-forme, se dresse la grande rose, qui repose sur deux arcs de décharge de forme ogivale, et sur un arc de milieu plein cintre; et elle est insérée dans une baie plein cintre, à l'archivolte décorée de bouquets de feuillages. Les écoinçons du cadre carré que forme le bandeau supérieur ont des enroulements de moulures.

Deux contreforts, à forme de tourelle, soutiennent, en les encadrant, le portail et la rose. De la base à la balustrade qui les couronne, ils se révètent d'une série de pilastres superposés, qui produisent un décor pittoresque, agrémentés qu'ils sont de fines aiguilles de pierre, et servent de piédroits à des fenestrages géminés et étrésillonnés, ainsi qu'à des niches au culot encorbeillé et au dais en pinacle et en accolade portant sur leurs rampants des crochets de feuilles de chou. Ces pilastres divisent les contreforts en trois travées, et des bandeaux, en trois étages, qu'interrompent çà et là des fenestrages et des niches, pour supprimer la monotonie et la sécheresse de lignes verticales répétées. Dans la partie des contreforts qui touche au portail, s'élève de la base une haute et svelte colonne torse, qui servait autrefois de piédestal à une grande statue. Au-dessus des contreforts, sur toute la largeur de la façade, se développe une plate-forme à haute balustrade ajourée; aux angles est élevée en aplomb sur les contreforts qu'elle couronne ainsi, une lanterne à flèche, contre laquelle s'appuie la base du pignon, dont le tympan porte un fenestrage ogival à dix meneaux de fines colonnettes. Le corps central est orné à chaque balustrade de gargouilles en forme de chimères, simples ou accolées. De chaque côté, la façade est soutenue par deux arcs-boutants, décorés de redans et de crochets de chou, et dont les culées quadrangulaires sont surmontées d'un double pinacle, et présentent sur leurs faces des niches à console encorbeillée et à dais ajouré.

La façade septentrionale reproduit la structure de la façade méridionale : portail, gable, galerie, plate-forme, rose, pignon, contreforts, colonnes torses, etc.; mais le caractère de l'ornementation est très différent. Autant du côté du midi, Martin Chambiges a prodigué les fantaisies décoratives; autant, du côté du nord, il est sévère et sobre, et il a cherché la simplicité. Cette dissemblance de physionomie des deux façades est motivée, comme à Beauvais, par leur topographie et leur orientation. Au temps de sa construction, la façade septentrionale était voilée par des bâtiments et par le mur de la Cité qui en fermait l'accès au public, alors que la façade méridionale se développait sur une place, à laquelle aboutissaient les rues de la ville s'étendant sans cesse dans le sens de l'occident, et devenait ainsi la façade principale et l'entrée habituelle de la cathédrale, comme elle l'est encore aujourd'hui.

Dans l'œuvre de Martin Chambiges, Senlis dérive droit de Beauvais : même idéal, même inspiration, même conception, même exécution ; la formation architecturale est identique, et l'ornementation présente des analogies frappantes, particulièrement dans les tourelles-contreforts, dans les roses, et dans les pignons. Mais le génie du maître maçon-tailleur de pierre, n'ayant point à lutter ici d'audace et de force avec ses prédécesseurs, véritables titans de l'architecture, s'est fait simplement plus souriant, et a visé surtout au charme et à la délicatesse. Il serait facile d'établir d'autres liens de parenté immédiate avec les façades des cathédrales de Sens et de Troyes, et de faire ainsi confirmer par les pierres elles-mêmes les preuves trouvées dans les documents d'archives : que Martin Chambiges est l'unique auteur de cette merveille d'art. Elles sont évidentes dans des particularités de dispositions et de décorations : les gables en accolade avec insertion d'armoiries, les linteaux de portails à clefs pendantes, et les balustrades ajourées en fleurs de lis.

A quelques pas de la cathédrale de Senlis, se voit une vieille église, à demi ruinée, et transformée en marché couvert : l'église Saint-Pierre. La façade de cet édifice, dans sa partie centrale, ressemble fort à la façade méridionale de la cathédrale (1), moins la rose remplacée par une grande baie ogivale : même porte géminée, surmontée d'un double linteau surbaissé à clef pendante ; même tympan ajouré d'une double fenêtre au remplage flamboyant ; même pignon dont le mur est orné d'arcatures tréflées, séparées par de fines colonnettes ; mêmes contreforts à forme de tourelle, revêtus de sveltes pilastres se terminant en fines aiguilles, et de fenestra-

(1) Dans le *Guide du congrès archéologique de Beauvais en 1905*, E. Lefèvre-Pontalis a écrit ceci : « La façade de St-Pierre est l'œuvre d'un véritable artiste. Je l'attribuerais volontiers à Pierre Chambiges, en raison de sa ressemblance avec l'entrée du croisillon sud de la cathédrale ». Ayant soumis au savant directeur de la Société française d'archéologie l'objection qu'à cette date de 1516 Pierre Ier Chambiges travaillait simplement à Beauvais sous les ordres de son père, et n'était encore qu'un maçon-tailleur de pierre, que le Chapitre de la cathédrale refusait d'accepter comme suppléant dans la direction des travaux, pour des motifs tirés de sa mauvaise conduite, ces objection et raisons pour l'attribution de la façade à Martin Chambiges ont paru « très plausibles » à E. Lefèvre-Pontalis.

ges aux sommets fleuronnés. Un cartouche, placé à gauche du portail, contient la date de 1516, date de son achèvement. Aucun document d'archives ne donne le nom du maître des œuvres qui a fait les plans et dirigé les travaux de construction de cette façade. En considération de la date et de cette ressemblance, ne serait-il pas logique d'attribuer à Martin Chambiges ce pittoresque et original morceau d'architecture ogivale ?

Dans la Champagne méridionale, à Rumilly-les-Vaudes, l'église est ornée d'un portail dont la tradition attribue les plans à un Chambiges (1), et la statuaire à François Gentil, le fameux sculpteur de Troyes. Certaines parties de ce portail, — les colonnes torses et le gable en accolade encadrant un écusson, — rappellent fort les mêmes parties de la façade méridionale de la cathédrale de Senlis. Le décor en réseau de la balustrade qui surmonte le portail, les chimères et les crochets de feuilles de chou, qui ornent les rampants du gable, font songer aux décors des gables et des pignons des portails latéraux de la façade de l'église Saint-Pierre de Senlis. Il est vraisemblable que Jean Collet, curé de l'église, qui fit élever ce portail, en ait demandé les plans à Martin Chambiges, pendant un de ses courts séjours à Troyes, et que, pour ce travail d'importance secondaire, le maître ait choisi dans ses derniers plans, — ceux de la cathédrale et de l'église Saint-Pierre de Senlis, — ce qui lui paraissait convenir le mieux à une église rurale, qu'une libéralité particulière permettait d'embellir d'une façon exceptionnelle.

La tour Saint-Jacques de la Boucherie, à Paris, commencée en 1508 et terminée en 1522, ne serait-elle point de Martin Chambiges ? Anatole de Montaiglon, le savant professeur de l'Ecole des Chartes, le pensait; mais, malheureusement, il n'a pas laissé les preuves, ni documentaires, ni techniques, de cette supposition. Les historiens de Paris, qui ont écrit sur l'église, l'auteur d'une monographie spéciale parue au XVIIIᵉ siècle, Villain, ne font mention d'aucun nom d'architecte de la tour. Jehan Doullier, « maître de l'œuvre de Saint-Jacques de la Boucherie » —, comme il était qualifié dans l'épitaphe de sa tombe, placée dans l'église, — mort en

(1) E. Lefèvre-Pontalis, au cours de son étude sur : *l'Architecture gothique dans la Champagne méridionale au* XIIIᵉ *et au* XVIᵉ *siècles*, mentionne le portail de Rumilly-les-Vaudes, avec les remarques suivantes : « Deux colonnes du portail de Rumilly-les-Vaudes et de la porte méridionale de N.-D. de « Senlis présentent les mêmes particularités, ce qui permet de les attribuer peut-être au même architecte : « Pierre Chambiges... La ressemblance de ce portail avec la porte du croisillon sud de la cathédrale « de Senlis permet de supposer qu'il est l'œuvre du même architecte, Pierre Chambiges. »

1562, ne peut avoir donné les plans de la tour. Les analogies nombreuses de dispositions architecturales et d'ornementation, que révèle l'étude comparative de ce monument et de la façade principale de la cathédrale de Troyes notamment, sembleraient en justifier l'attribution au même maître maçon-tailleur de pierre. Mais, l'œuvre, aujourd'hui connu, et incontestable, de **Martin Chambiges**, — cette façade et les façades latérales des cathédrales de Sens, de Beauvais, et de Senlis, — suffit à assurer l'immortalité à son nom.

Grâce au génie de ce grand artiste, et à celui de quelques autres du même temps, — les frères Jacquet, les le Roux, les Hermel, les Félin, etc, — tous formés à la rude et sévère, mais savante et féconde école des maîtres maçons du Moyen âge, qui avaient l'amour et l'orgueil de leur fier métier, et qui se transmettaient religieusement, à travers les siècles, de maîtres à compagnons, « varlets », et apprentis, avec ses secrets, les traditions de science et de probité professionnelles, l'Architecture ogivale, à son déclin, comme le soleil à son crépuscule, se couchait dans la gloire de ses derniers rayons, illuminant, et fécondant encore d'art et de poésie la terre de France.

L'ŒUVRE

de

PIERRE Ier CHAMBIGES

Dessin de J. A. du Cerceau.

Bibliothèque Mazarine.

CHATEAU DE CHANTILLY

Faces nord-est.

LE CHATEAU DE CHANTILLY

Anne de Montmorency.
Transformation des forteresses en châteaux de plaisance.
Un précurseur de Pierre Lescot, Jean Bullant,
et Philibert de l'Orme.

Arrivé à l'âge de 71 ans, et devenu veuf, le baron Guillaume de Montmorency avait partagé ses biens immenses entre ses deux fils. Chantilly, entre autres résidences, échut à Anne, qui était déjà maréchal de France sous le nom de la Roche Pot, du titre du fief de sa mère en Bourgogne, et qui, à partir de ce moment, prit le nom et les armes des Montmorency.

Anne de Montmorency avait le goût des arts et la passion de l'architecture ; sa grande fortune, ses hautes charges et fonctions à la Cour et dans l'Armée lui permirent de les satisfaire. Au cours de sa longue carrière d'homme politique, d'homme de guerre, et de courtisan, pendant les périodes de disgrâce, comme pendant les périodes de faveur royale, il y trouva fièrement le moyen de se maintenir au premier rang, immédiatement après le souverain, François Ier ou Henri II, qui avait les mêmes goûts et la même passion, et semblait en tenir les manifestations publiques comme un des devoirs de la royauté. Aucun prince ne fit jamais bâtir autant que lui : il créa Chantilly, Ecouen, la Fère-en-Tardenois ; et, pendant un demi-siècle, il y fit travailler les premiers maîtres maçons-tailleurs de pierre, sculpteurs, peintres, verriers, etc. Aucun grand seigneur ne posséda plus de châteaux, entretenus et restaurés avec autant de soins et de magnificence que l'étaient Méru, Offémont, Maçy, Gaudelu, dans l'Ile-de-France, Châteaubriant, en Bretagne;

ni de résidences parisiennes, qui, par leur luxe et leurs richesses, aient surpassé l'hôtel de la Roche Pot, rue Saint-Antoine; l'hôtel de Méru, rue du Temple; l'hôtel de Danville, rue de la Culture-Sainte-Catherine ; et l'hôtel de Montmorency, rue Sainte-Avoye; dans lesquels furent accumulées, comme à Chantilly et à Écouen, les merveilles artistiques de tous genres, anciennes et modernes, que recrutaient partout pour le connétable et le Grand maître de France, des agents nombreux, aussi habiles qu'empressés à servir et à plaire : des cardinaux, des évêques, des ambassadeurs, des gouverneurs de provinces, des lieutenants du roi, etc. Pour réaliser ses rêves et ses ambitions de protecteur des arts, Anne de Montmorency sut grouper autour de lui les plus grands artistes du temps : Pierre Ier Chambiges, Jean Bullant, Philibert de l'Orme, Jean Goujon, Jean Cousin, Bernard Palissy, Léonard Limosin, Pierre Raymond, etc. En Italie, il eût aisément, dans ce rôle difficile de Mécène égalé, sinon éclipsé, les Médicis, les Sforza, les Gonzague, les Malatesta, etc., qui ne le remplirent pas avec plus de bonne grâce, de noblesse, de générosité, et d'esprit; il ne lui a manqué que l'immortalité des louanges des historiens, des chroniqueurs, et des poètes de son temps.

En 1523, le nouveau propriétaire de Chantilly décida de transformer en château de plaisance la vieille forteresse féodale, reconstruite par les d'Orgemont à la fin du XIVe siècle ; comme il le fit, quelques années plus tard, de la Fère-en-Tardenois, autre forteresse bâtie, dans la première partie du XIIIe, par Robert de Dreux, dit Mauclerc, et qui lui fut donnée en apanage par François Ier, à l'occasion de son mariage avec Madeleine de Savoie. Anne de Montmorency suivait en cela l'exemple donné par Charles VIII, Louis XII, et François Ier. En effet, bien avant les campagnes d'Italie, qui, au dire de quelques historiens à tendances ultramontaines, furent la période d'initiation de notre pays à l'Art antique, à l'élégance, à la délicatesse, à la pureté des formes et des lignes dans l'architecture civile inspirée de cet art, il s'était opéré une transformation radicale et systématique des sombres et tristes forteresses féodales en résidences luxueuses et plaisantes. Depuis longtemps, Pierrefonds, Coucy, Nantes abritaient, derrière leurs hautes murailles, de pures merveilles d'architecture élégante, gracieuse, et fleurie. De 1488 à 1489, Charles VIII faisait exécuter à Amboise des travaux considérables ayant pour but de rajeunir et égayer le vieux château; l'exquise chapelle de Saint-Hubert était terminée en 1494, la veille de la première expédition française en Italie. Au château d'Angers, construit par le roi René, et d'aspect extérieur aussi triste que majestueux, Louise de Savoie avait fait élever un gracieux donjon, dans lequel étaient aménagés une élégante chapelle et des boudoirs luxueux. Guillaume Leroux, conseiller à la Cour de l'Échiquier de Normandie, commençait le fameux hôtel du Bourgthéroulde, chef-d'œuvre de fantaisie et d'originalité en architecture privée.

Anne de Montmorency fit choix de Pierre Iᵉʳ Chambiges pour donner les plans et diriger les travaux du nouveau château de Chantilly. Des documents récemment découverts dans les Archives de Condé par M. Gustave Macon, conservateur du musée de Chantilly, permettent d'identifier désormais l'auteur, resté jusqu'alors inconnu, de cette œuvre superbe de la Renaissance française.

Le choix de ce maître maçon prend de la circonstance présente une haute signification. Anne de Montmorency était un des familiers de François Iᵉʳ, et il occupait quelques-unes des plus hautes charges de l'État. A la Cour, il avait à lutter incessamment contre les intrigues de nombreux personnages jaloux de sa faveur auprès du roi, de sa fortune, et de sa puissance; mais il était un courtisan habile, avisé, et fin. Si les « deviseurs de plans » italiens, — à ce moment en France, Dominique de Cortone, dit le Boccador, et Girolamo della Robbia, — avaient été tenus par François Iᵉʳ pour les premiers architectes du monde, supérieurs à tous les maîtres des œuvres français, on ne peut douter qu'il se serait immédiatement adressé à l'un d'eux pour construire sa nouvelle résidence, où il se proposait de recevoir fréquemment le roi et la Cour. S'il choisit pour maître des œuvres de Chantilly Pierre Iᵉʳ Chambiges, c'est que celui-ci s'était déjà acquis une grande notoriété, justifiant les préférences d'Anne de Montmorency sur tous les autres maîtres maçons de Paris et des provinces, que Gaillon, Blois, Amboise, Fontainebleau, etc., avaient déjà mis hors de pair : Senault, Fain, Valence, Biart, Jacques et Gilles le Breton, etc. François Iᵉʳ se piquait d'architecture et aimait fort à donner là-dessus son avis et ses conseils; le connétable ne se serait point ingénument exposé à ses plaisanteries et à ses critiques, en prenant pour architecte un ignorant, un inconnu, un modeste maître maçon, ne pouvant être qu'un simple entrepreneur de travaux.

En même temps qu'il chargeait Pierre Iᵉʳ Chambiges de dresser les plans et de diriger la construction de son nouveau château, Anne de Montmorency confia, en quelque sorte, la surintendance des travaux à Jehan Grolier, qui était à ce moment trésorier de France et général des finances en la charge d'outre Seine et Yonne, et par conséquent se trouvait en relations personnelles constantes avec le maréchal et le Grand maître de France pour les payements de la Cour et de l'Armée. Ce personnage, qui est bien un des types les plus originaux de ce temps, avait, en architecture, des connaissances particulières dépassant évidemment celles d'un amateur, d'un homme de goût. Elles lui firent confier des missions spéciales officielles concernant les bâtiments et édifices publics et royaux. C'est ainsi qu'il fut un des commissaires nommés par Catherine de Médicis pour vendre les hôtels d'Angoulême et des Tournelles; que le Parlement le choisit comme inspecteur des bâtiments du Palais. François Ier l'adjoignit, en qualité de conseil, à Pierre Ier Chambiges, lorsque celui-ci reçut l'ordre de préparer les plans du Collège de France projeté sur l'emplacement de l'hôtel de Nesles. Le Bureau de la Ville de Paris l'appelait en consultation avec des maîtres des œuvres tels que Pierre Lescot et Gilles le Breton, pour les constructions importantes. La situation de Jehan Grolier à Chantilly fut à la fois celle d'un familier, investi de la confiance illimitée d'Anne de Montmorency, chargé de le tenir au courant de tout, et celle d'un intendant au fait de l'architecture, de la décoration, et de l'aménagement du château. Sa correspondance avec le Grand maître de France, datée de Chantilly, est d'une diversité extraordinaire de sujets, de questions, de renseignements, et de confidences. Les affaires d'État s'y mêlent aux affaires privées, les comptes d'entrepreneurs aux finances publiques, les événements de la Cour aux incidents de la vie familiale du château, la politique au jardinage et à la cuisine, l'art à l'administration. Le 8 septembre 1530, Jehan Grolier écrit : « Monseigneur, j'ay « reçu vos lectres du vi de ce mois, par lesquelles il vous a pleu m'escrire la « venue de Monsr de Noircarmes en ceste ville. J'ay incontinent fait partir ung de « més gens, lequel est allé à Angierville, et lui ay donné charge de revenir à moy « sitost qu'il aura entendu son arrivée là, à ce que je luy puisse envoier du vin et « quelques fruictz jusques à Estampes; et ne fauldray à me trouver au devant de « luy à Montlery ou à Châtres pour le conduire en vostre maison, en laquelle, « monseigneur, je mectray peine de luy faire bonne chière, et du moins, « monseigneur, soiés asseuré qu'il beura bon vin ». Et le fidèle intendant artistique ajoute : « L'on commencera demain à besoigner aux chênes, où il ne se peult rien « faire de nouveau aux façons pour la grosseur, mêmement de l'une, mais il sera « prins garde que l'or soit beau et bien poly, et sans souldeur, qui est, monsei-

« gneur, tout ce qui se peult faire...; j'entends avoir dedans lundy prochain le reste
« de vostre tapisserie de bouraiges, que j'ay fait faire à Anvers, et l'on m'envoye
« quant et quant une autre tapisserie nouvelle qu'on me mande estre fort belle ;
« toutes fois elle n'est pas si fine que la vostre : si elle vous plaist, je la retien-
« dray... » Puis, c'est le trésorier de France qui s'adresse au Grand maître : « Mon-
« seigneur, j'ay receu les lettres qu'il vous a pleu m'escripre du vii de ce mois,
« par lesquelles vous me mandez recevoir du général de Normandie quelque
« somme d'argent qui a esté ordonnée aux gentilz hommes qui font présentement
« avec vous le voiage d'Angleterre.. » ; et, aussitôt après, il n'est plus question que de
l'état des travaux de construction du nouveau château. En d'autres lettres, le familier
donne à Anne de Montmorency des nouvelles de la santé de la maréchale, de
celle de son fils, « le plus bel enfant et le mieulx nourry qu'il est possible de voir »,
annonce qu'il a fait venir des vins du Rhin et de Beaune, etc., etc. Un jour, il
écrira à son ami Nicolas Berthereau, un collègue en finances : « Il m'a esté fait
« présent de huit poires bergamottes assez belles et à mon advis bonnes, que je
« vous envoye ; mais je pense qu'elles seront gastées ; si elles s'estoyent un peu
« porté, je vous prie en faire présent à monseigneur ». Et, une autre fois, il lui
mande en toute hâte : « Je vous envoye par ce porteur deux melons que je vous
« prie faire présenter à monseigneur ; c'est ce que j'en ay peu recouvrer qui me
« semblent bons, et si croy qu'ils se recouvreront cy après à grand paine, à cause
« des pluyes qu'il a fait ceste nuyt et toute la matinée ».

Les lettres de Jehan Grolier et de Pierre de Garches (1) à Anne de Montmorency
nous informent avec précision du genre spécial, et très ardu, des travaux
commandés à Pierre I⁰ʳ Chambiges, à Chantilly. Il s'agissait à la fois d'une
transformation des bâtiments du Moyen âge, et de la construction de nouveaux,
destinés à les compléter, pour faire des uns et des autres, réunis habilement et
harmonisés de style, une résidence vraiment princière. Ce qu'à ce moment-là,
Marguerite de Navarre, la sœur de François Iᵉʳ, faisait exécuter au château de Pau,
avec autant de délicatesse que de goût, le Grand maître de France le demandait au
maître maçon-tailleur de pierre parisien, de façon à lui valoir l'admiration de la
Cour et de la Ville pour la grande dépense et pour la beauté du nouveau château.

(1) Pierre de Garches était écuyer, capitaine et receveur du château de Chantilly.

« Puisqu'on y a tant despendu d'argent, disait le père du connétable, le vieux
« Guillaume de Montmorency, il faut faire beau ».

De la vieille forteresse des d'Orgemont, il ne devait être conservé que
l'extérieur : les murailles, hautes et épaisses des quatre façades sur les fossés, avec
les sept tours à poivrière, à ajourer toutefois, à l'ouest et au nord-est, par des
baies nouvelles; et la vieille chapelle gothique, dédiée à saint Jacques et à saint
Christophe, située à l'angle sud-est de la cour, qui allait recevoir aussi quelques
modifications dans sa façade : le portail et la rose refaits dans le style flamboyant.
Pierre Ier Chambiges avait à construire plusieurs corps de bâtiments à l'intérieur, et,
dans le parc et les jardins, un corps de maison, une galerie, un jeu de paume,
une héronnière, et un bûcher.

Bien que les progrès de l'artillerie, récemment inventée, eussent apporté dans
la construction, l'aménagement et la défense des forteresses, des innovations
considérables qui en rendaient à peu près illusoires les éléments anciens : tours,
tourelles, courtines, barbacanes, échauguettes, créneaux, mâchicoulis, chemins de
ronde, etc., les grands seigneurs tenaient encore à les maintenir, comme un signe
imposant de leur puissance, et en vue, surtout, de conserver à leurs demeures le
charme historique et la poésie ancestrale. Mais, ils les adaptaient, ingénieusement
et avec art, aux conditions d'une existence nouvelle, où les goûts et les besoins
innés du luxe, de l'élégance et du faste pouvaient se satisfaire, par suite de
l'évolution des idées, des habitudes et des mœurs, et recevaient un développement
continuel du fait de l'extériorisation de la vie mondaine, de la création de la Cour
par François Ier. Alors, ils font ouvrir à travers les murailles épaisses de larges
et hautes ouvertures, qui laissent entrer dans les intérieurs de l'air, de la
lumière, du soleil, et de la gaieté; les hauts toits en poivrière des tours farouches, et
les grands combles des façades sévères s'égayent de lucarnes, légères, élégantes, au
fronton découpé à jour en façon de dentelles et de broderies de pierre. Les
glacis et les boulevards des vieux remparts se fleurissent de parterres et de jardins,
pour la promenade et la parade, spectacle joyeux qui est un décor nouveau de
paysage, à voir du dedans comme au dehors.

Il en était, partout, des demeures royales et princières, comme des costumes
qui s'étaient également transformés presque radicalement, pour les mêmes raisons
d'évolution des habitudes et des mœurs, — et non point à la suite des expéditions
en Italie, — tout en conservant dans le domaine militaire, par respect de la

tradition, certaines formes qui pouvaient paraître désuettes et inutiles, mais que l'on considérait encore comme infiniment respectables et opportunes. Les historiens italiens, racontant la venue de nos armées, font remarquer qu'à l'étonnement général elles comprenaient très peu de chevaliers en armures et de chevaux de bataille bardés de fer. Le manuscrit de « La déploration de Gênes » représente Louis XII faisant son entrée dans la ville conquise, vêtu d'un sayon cramoisi, tout brodé en or d'A couronnés, en l'honneur de sa chère Anne, associée ainsi au triomphe du roi; et l'étoffe qui recouvre en entier son cheval a la même galante ornementation. Les bas-reliefs de l'hôtel du Bourgtheroulde, à Rouen, consacrés à la figuration des personnages du fameux Camp du drap d'or, montrent la magnificence des costumes que portaient François Ier, Henri VIII, les grands seigneurs et dignitaires de leur suite. Sur les portraits officiels du temps, ce ne sont que pourpoints de draps d'or et d'argent, de velours, de satins, de damas, et de taffetas, déchiquetés, tailladés, et brodés ; que chausses de mêmes étoffes précieuses et de couleurs variées; que bonnets et toques, garnis de bagues, d'enseignes, de boutons d'or et d'argent, de pierreries, diamants, rubis, émeraudes, etc., et hautement empanachés de plumes pailletées d'or. Et, pourtant, il n'était prince, grand seigneur, gentilhomme, qui ne tînt à devoir et à honneur de posséder, et de montrer, dans la salle d'armes de son château ou de son hôtel, un « harnois » de fer ou d'acier gravé, damasquiné d'or ou d'argent, ciselé, œuvre de quelque armurier fameux de France, ou d'Italie, ou d'Allemagne.

Les missions diplomatiques confiées à Anne de Montmorency, à la suite des désastres militaires de la Campagne d'Italie et de la captivité de François Ier en Espagne, avaient interrompu, sinon faisaient poursuivre très lentement, pendant les années 1525 à 1526, les travaux, que surveillait le vieux baron Guillaume, très actif et très vigoureux malgré son grand âge. Ils ne reprirent sérieusement qu'en 1527, après la nomination d'Anne de Montmorency aux fonctions de Grand maître de France et gouverneur du Languedoc, en récompense de ses services exceptionnels lors des négociations pour la libération de François Ier. Le 9 août 1527, Pierre de Garges, écrivait à son maître qu'il faisait tirer de la pierre pour le donjon; « mais, ajoutait-il, monseigneur votre père ne veult pas qu'on commence « à besongner tant que le roy soit rappassé et dit qu'il y aurait trop d'empeschement « en la maison tant des ouvriers que de la pierre ». François Ier était attendu d'Amiens, où il venait de signer un traité avec le roi d'Angleterre. Dans une autre lettre, en date du 27 août, Pierre de Garges mande ceci au Grand maître : « On achève « la maçonnerye de votre gallerie et maison du jardin de Bucan (1). On achève la « maçonnerye de vostre gallerye (celle du château). Le pilotis est achevé du corps de « maison, et besongnent les massons en diligence. » Le 10 octobre, Grolier écrivait à Anne de Montmorency : « Monseigneur depuis vostre partement, j'ay fait faire « plusieurs devys pour l'édiffice que vous voullez estre fait au corps d'ostel de vos- « tre portail de Chantilly, lequel ne se peult faire selon vostre première intention, « à cause de la grosse muraille qu'il fauldroit faire porter sur la voulte de l'entrée, où « il ne se pourroit faire faulx arc qui y fut suffisant. Je vous en envoyeray deux « formes entre cy et deux jours pour vous resoudre à celle qui vous plaira, et si tost « que le Roy sera party dudit Chantilly, je y iray pour veoir de faire rabiller la viz « du corps d'ostel neuf laquelle se fera très aisée, mais il en fauldra lever toutes « les marches du bas en comble, sans toucher toutes fois aux grosses murailles; et « au demeurant de la menuiserie il ne se perdra temps. »

Le 10 février 1528, Pierre Ier Chambiges pressait le capitaine de Chantilly d'envoyer chercher un convoi de poutres arrivé à Saint-Leu par eau. Le jeu de paume était terminé cette année là ; et la galerie du jardin était assez avancée pour que Martin de Meilles pût y peindre des cerfs. M. de Courson, écuyer, maître d'hôtel d'Anne de Montmorency, écrit à Nicolas Berthereau, secrétaire du Grand maître, le 12 juillet : « Vous diriez que seroyt un paradis terrestre dedans le « jardin, et les choses comancent achever. Je crois qu'il n'y aura mayson au « royaume de France mieux accomplye que celle cy ». En cette même année, la réfection du donjon neuf du château était terminée. Pierre de Garges informe ainsi, le 12 septembre, le Grand maître de la marche des autres travaux : « Monseigneur, « l'on apporta hier la tappisserie que vous avez fait acheter, que mons' le treszorier « Groslier a envoiée. Le tapissier la tend à ce matin, et s'en fauldra bien quatres « pièces qu'il n'y en aie assez pour les deux premières chambres de vostre corps « de maison du donjon, et si est lad. tappisserie ung peu courte pour les deux « premières chambres. Mons' le cardinal de Bourbon n'a encores envoié celle « dont vous m'avez escript.... Monseigneur, l'on couvre le corps de maison de « vostre jeu de paulme. Le lambriz du cabinet de monseig' vostre père est

(1) Bucan est une localité située dans le parc de Chantilly.

CHATEAU DE CHANTILLY

Cour d'honneur.

« fait. L'on lève la charpenterye de la viz que l'on a fait derrière la chapelle. Tous
« voz bastimens seront achevez la semaine prochaine en tant que touchera les
« maçons, et restera la menuyserie que je feray diligenter. Toute la menuyserie
« qu'il fault aux quatre chambres du donjon est faite en tant que touche huys,
« fenestres et porches, et ne reste que aux lictz, tables et bans, qui ne sont faiz
« parce que l'on n'en a riens devisé aux menuisiers. » Pierre Ier Chambiges certifie
que Pierre de Garges « a fait vuyder par plusieurs manouvriés sertaine quantité
« de vidanges pour faire les quaves, seliers et offices que l'on a fait de neuf
« soubz le corps de maison et galerie que mondit sieur le grand maistre faict faire
« aud. Chantilly quy contiengne la quantité deulx cens trante et ungne toises
« demie neuf piez » ; et, le 20 septembre, Pierre de Garges écrivait à son maître :
« il se besongne fort aux voultes des offices et des celliers et seront bientost closes. »
On verra plus loin en quelle admiration J. A. du Cerceau tenait cette partie de
l'œuvre de Pierre Ier Chambiges.

Le 12 novembre, on plaçait les pierres sur les piliers de la galerie pour « tour-
ner la voulte » ; le « maitre maçon » promettait de faire diligence, « en luy fournissant argent », et répondait de parfaire à la mi-août le corps d'hôtel qui s'élevait très rapidement.

Le secrétaire des finances Villeroy écrivait au Grand maître, le 23 avril
1530 : « J'ay veu et visité hault et bas vostre bastiment, qui est assez avancé
« pour le passé ; mais doresnavant les maçons y feront encore meilleure diligence.
« Le perron de devant le corps d'ostel est casy achevé de ce qui se peut faire pour
« ceste heure ; l'escallyer est monté jusques au hault de la muraille des fossez, prest
« à retourner sur la court ; les murailles du dict corps d'ostel du costé de la court
« sont aussi haultes que la vieille muraille des fossez, et commance-t-on à arrester
« la dicte vieille muraille. Lundy se mettent les poultres de première planche du-
« dict corps d'ostel. La vis qui est entre le dict corps d'ostel et la galerie est arrestée
« jusques à la haulteur de la dicte vieille muraille et quelque chose davantaige,
« laquelle se trouvera belle et bien aysée de la grandeur qu'elle est. La gallerie
« est arrestée du costé de la court plus hault que les vieilles murailles du costé des
« fossez, et desja sont assiz la plupart des pieds droicts des croisées d'en hault. L'on
« besongne aux deux croisées que avez ordonnées estres faictes en la gallerie basse
« du costé des dictz fossez, qui se trouveront belles et seront fort à propos, tant
« pour la décoration et vue de la dicte gallerie, aussy pour donner air et jour en la

« court, qui n'en vault que myeulx. Toutes les caves et offices de dessoubz les dictz
« corps d'ostel et galleries sont parachevez entièrement, tant d'enduyre, de rejoin-
« toyer, que aultres qui restent de faire... Il faict très bon voir vostre gallerie. J'ay
« veu vostre héronnière, que j'ai trouvée fort belle et bien assise. »

Une lettre de Jehan Grolier, datée d'Angoulême, 6 mai 1530, nous fait connaître que les idées architecturales d'Anne de Montmorency n'étaient point toujours approuvées par Pierre Iᵉʳ Chambiges, qui n'hésitait point à formuler, respec-
tueusement mais avec netteté, ses observations et ses critiques, confirmées d'ailleurs
par le conseiller artistique habituel du Grand maître : « Monseigneur, les lettres
« par lesquelles vous m'avez mandé escripre à Chantilly faire deux croysées à la
« gallerie basse sur le fossé ont esté portées aud. Chantilly, et de là m'ont esté ren-
« voyées en ceste court. J'en escripvis incontinent après la réception d'icelles au
« maçon, lequel m'a fait responce que s'il vous plaist elles seront faictes, combien,
« monseigneur, qu'elles n'y serviront de rien, si ce n'est pour les attendans en la
« court, et ce est à doubter qu'elles rendent quelque subjection à votre maison,
« estans si basses ; et si vous voulliez qu'elles fussent ferrées, elles auroient quel-
« que difformité, et si serviroient d'eschelle à celles de la gallerie de dessus. Vous
« m'escripvez aussi, monseigneur, que vous en voullez deux dessoubz et troys
« dessus, qui revaudroit très mal à l'oueil par le dehors, et fault, monseigneur,
« que ce soit tout ung de fons en comble, et qu'il y en ait ou deux ou troys partout.
« Il eut beaucoup mieulx vallu, monseigneur, qu'elles eussent esté faictes dès le
« commencement car le gros mur a esté fort ébranlé à cause des fenêtres et chemi-
« nées des offices qui sont déssoubz qu'il a convenu prendre dedans, et davan-
« tage la voulte de lad. gallerie est nouvelle faicte, qui n'en pourroit que pis
« valloir. Toutefois, monseigneur, il se y fera ce qu'il vous plaira ordonner ; au
« demeurant de l'ouvraige se fait extrême dilligence ».

Cette lettre est un document fort précieux. Elle nous montre en Pierre
Iᵉʳ Chambiges un exemplaire superbe des vieux maîtres des œuvres français,
fiers de leur métier, et sûrs de leur science professionnelle ; sachant défendre
avec fermeté leurs idées, sans jamais manquer de déférence ni de cour-
toisie envers ceux qui les employaient, grands seigneurs et personnages
de haut rang. Le « maçon » de Chantilly est de la race des Pihourt de
Rennes, qui savaient « plus que leur pain manger », et étaient « résolus en leurs
hétéroclites » ; il réalise ainsi, dores et déjà, le type du « bon architecte »

défini, avec tant de bon sens et d'humour, par Philibert de l'Orme, un quart de siècle plus tard.

Dans la dernière période de l'année 1530, les travaux sont menés avec une grande activité. Le 5 septembre, Jehan Grolier informe le Grand maître que Pierre Ier Chambiges est allé chercher des ouvriers à Paris pour remplacer « ceux que lui ont soustraict cette sepmaine passée les gens de monsieur de Suze « qui fait bastir à la Versigne »; et, le 29 de ce mois, il lui fait savoir qu'une partie de la charpente du comble de la galerie est montée depuis le 17; qu'on allait monter la charpente du comble du corps d'hôtel, et couvrir aussitôt. « On achève « ajoute-t-il, les colonnes de la galerie, lesquelles à mon advis vous trouverez fort « belles, aussi celles du perron pour monter en l'escalier, dont les unes sont pleines, « les autres cannelées au long, autant plain que vuide, et n'y a que votre « plaisir si vous voulez qu'elles soient toutes semblables ou une autre ouvrée « et l'autre non, qui se pourra toujours faire. »

Le 28 octobre, autre lettre de Grolier, dans laquelle on lit : « Monseigneur, « il se fait très grande dilligence aux ouvraiges du dit Chantilly, et j'espère que « vous trouverez la gallerie couverte et partie des lucarnes montée, aussi le « perron pour monter à l'escallier, lequel à mon advis vous trouverez beau, « et tout d'autre façon de maçonnerie que vous n'avez veu jusqu'icy. » Un incident se produisit vers la fin des travaux, d'après des lettres de Grolier, en dates des 15 et 25 novembre : « Il est advenu un destourbier de huit « ou dix jours, qui est que la charpenterye de vostre corps neuf a esté « monté si hault qu'elle excède celle du donjon d'environ trois piez; et « combien qu'elle en soit meilleure et plus belle, toutes fois nous avons « tous esté d'advis de la rabbaisser à la proportion de l'autre ». Mais Guillaume de Montmorency s'y opposa avec fermeté. Et Jehan Grolier écrivait au Grand maître : « Monseigneur, il a été advisé par monseigneur votre père « que l'entière charpenterye de Chantilly ne sera bougée, et demeurera en l'estat « qu'elle est, pour plus grand abrégement, d'aultant, monseigneur, qu'elle est « beaucoup plus belle et prouffitable, et n'y aura aucune difformité; et vous « anonce qu'il y est fait telle dilligence qu'il est possible de faire; toute « asseurance, monseigneur, que quand vous verrez l'ouvraige, vous le trou- « verez beau, et tel que, s'il y a des faultes, les excuses seront promptes et légi- « times ».

Sans aucun doute, le grand château de Chantilly était terminé en l'année 1531.

Le Grand Condé fit exécuter par Mansart, au grand château, des travaux considérables qui en modifièrent radicalement la physionomie ; et, plus tard, le duc de Bourbon y apporta de nouveaux remaniements, qui en achevèrent la transformation. La Révolution de 1793 amena la destruction de l'édifice. Le duc d'Aumale a fait reconstruire le grand château, de 1876 à 1882, par M. Daumet, sur l'emplacement de la vieille forteresse, d'après des plans nouveaux, qui font de ce château, non une restauration, ni une restitution, mais une création architecturale nouvelle, d'un grand caractère, et d'une pittoresque originalité.

Pierre Ier Chambiges a-t-il construit le petit château, situé en contrebas du grand château? C'est un nouveau problème historique.

Dans sa description de Chantilly, J. Androuet du Cerceau, a écrit : « Le « bastiment consiste en deux places : la première est une court, en laquelle sont « quelques bastiments ordonnez pour les offices; la seconde, est une autre « court....., et faut monter de la première pour venir à la seconde, entour « laquelle est le bastiment seigneurial..... En la court première, est l'entrée « du logis. Les faces des bastiments estans en icelle, tant dans la court que « dehors, suivent l'art antique bien conduitz et accoustrez. Ces deux courts « avec leurs bastimens sont fermez d'une grande eau, en manière d'estang, « dont entre icelles y a séparation comme d'un fossé, par laquelle séparation, « la ditte eaue passe au travers. » Il semble bien, par cette description, malheureusement trop laconique, que la division de Chantilly en grand et petit château n'existait pas à l'époque où vivait le célèbre graveur. Les deux constructions élevées autour des deux cours, le « bastiment seigneurial » et les « offices », ne formaient qu'un tout, un ensemble conçu et exécuté dans la même période de temps.

Un registre tenu par le garde d'archives, Pierre Aberlenc, en 1600, — que M. Gabriel Macon a découvert, — contient cette autre description de Chantilly : « Le château de Chantilly est cloz et environné d'eau, auquel y a « plusieurs corps d'hostel et grosses tours, le tout couvert d'ardoises; et, au dedans, « y a une chapelle fondée de Monsr saint Jacques et saint Christophe...

« et pour la décoration du dit château, le feu seigneur connestable y fit faire
« une basse-cour, où sont plusieurs corps d'hostel et offices .... Près et tenant
« ledit château, hors de la basse-cour d'icelluy, y a un corps de logis, appelé
« les prisons, auquel lieu se tient l'exercice de la justice du dit Chantilly et
« des villages qui en dépendent, etc..... » Cette description justifie, de nouveau,
la présomption de l'unité de conception et d'exécution pour tous les corps de
bâtiment de Chantilly, aussi bien ceux du bas que ceux du haut, constituant
dans leur ensemble le « chastel ». S'ils ne se ressemblent, ne faudrait-il pas
en chercher les causes, non dans un changement de maître maçon, mais dans
leur affectation distincte, dans leur situation particulière, et dans les conditions diverses de construction, qui avaient inspiré, pour le « bastiment seigneurial » et pour la basse-cour ou « offices », des dispositions architecturales
et des modes d'exécution très différents, par logique, convenance, et bon goût ?
Au grand château, la mission confiée à Pierre Iᵉʳ Chambiges, par Anne de
Montmorency, était la transformation d'une forteresse féodale en château de
plaisance ; au petit château, l'architecte pouvait donner libre carrière à son
imagination, dans une création originale et nouvelle, de toutes pièces, sur un
terrain vierge, et merveilleusement situé. La dissemblance des deux édifices
pourra même aller jusqu'au contraste, sans qu'il soit choquant ; si, en se reportant
aux gravures anciennes d'Israël Silvestre et de Pérelle, on se rend compte qu'il a
été dans les intentions formelles du maître maçon, afin de laisser au premier sa
physionomie extérieure imposante et pittoresque, rajeunie par des innovations
artistiques, en asseyant à ses pieds, au ras du sol et des eaux, le second, plus
modeste et plus simple, mais tout souriant de sa grâce nouvelle.

Les documents concernant la construction de Chantilly, quittances, mémoires
et correspondance, que possèdent les Archives de Condé s'arrêtent à l'année 1530.
Cependant, un registre de comptes, tenu par Pierre de Garges, commencé le
1ᵉʳ mars 1532 et terminé le 28 février 1533, nous informe que, pendant cette période, Pierre Iᵉʳ Chambiges reçut, en six payements, une somme de 2,008 livres et
16 sols tournois, « pour les massonneryes qu'il a faictes au chastel de Chantilly » ;
mais le registre ne spécifie pas les bâtiments auxquels s'appliquait cette somme, et
ne contient rien, dans les termes des acquits, qui puisse donner à penser que cette
somme était un reliquat de comptes anciens ou une ouverture de comptes nouveaux. Dans un mémoire de travaux, M. Gustave Macon a bien trouvé la men-

tion : « corps de maison d'en bas » ; cette mention se rapporterait-elle aux « galeries du jardin », auxquelles on travailla de 1524 à 1530, et qui, dans ce cas, seraient le petit château, ou bien simplement au bâtiment des prisons ? L'érudit historien de Chantilly déclare que rien encore ne l'a éclairé sur ces deux hypothèses ; et il laisse la question à l'état de problème historique, tout en émettant l'opinion que la supposition de la construction du petit château par Jean Bullant — une thèse de Léon Palustre (1) — lui paraît peu fondée, en présence du silence gardé, à ce propos, par le grand architecte lui-même, qui, dédiant à François de Montmorency son livre « la Reigle géneralle d'architecture des cinq manières de colonnes », dont la dédicace est de 1564, ne fait allusion qu'aux « œuvres du chasteau d'Escouen », où le connétable « l'a toujours occupé et entretenu », et ne dit mot de Chantilly. En effet, l'omission par son auteur même d'une œuvre si personnelle, si originale, dans une dédicace d'ouvrage au fils de celui qui l'avait commandée, est invraisemblable.

En l'absence de documents d'archives, force est donc de recourir à la méthode de démonstration par l'analogie de dispositions architecturales entre les constructions d'une attribution indiscutable et celles qui sont présumées de même origine. On sait que Pierre Iᵉʳ Chambiges fut l'architecte d'une partie du château de Fontainebleau : un passage des « Comptes des Bastiments du Roy » en fait foi. La Cour du Cheval blanc, telle qu'elle est gravée dans « Les plus excellents bastiments de France » peut, entr'autres, lui être attribuée. Tant que Jean Bullant a été considéré par tous ceux qui ont écrit sur Chantilly, jusqu'à la publication des découvertes historiques de M. Gabriel Macon, comme l'architecte du petit château, et que Pierre Iᵉʳ Chambiges est resté ignoré, personne n'avait songé à confronter les vues que J. Androuet du Cerceau a dessinées et gravées de la cour de ce dernier édifice et de la Cour du Cheval blanc à Fontainebleau. Or, dans les deux cours, les corps de bâtiment semblent apparaître avec les mêmes dispositions, remarquables par leur nouveauté et leur fantaisie, qui ont été signalées, pour Fontainebleau, par tous ses historiens (2) : constructions à simple rez-de-chaussée,

(1) Léon Palustre, la *Renaissance en France*, 2ᵉ livraison, pages 77-82.

(2) Résumant les travaux de ses devanciers, un des derniers historiens de Fontainebleau, Émile Molinier, a écrit : « Dans les deux côtés de la basse-cour, — Cour du Cheval blanc —, on a construit en moellons et briques des édifices d'un style bien tranché, très particulier, et dont on ne retrouve les traces que « dans bien peu de monuments français de la même époque ». (*La France artistique et monumentale*, publiée sous la direction d'Henry Havard, tome ii, pages 106-107.)

percé de nombreuses portes et fenêtres alternantes; unique étage, à Chantilly et à Fontainebleau, éclairé par de hautes lucarnes, en aplomb, ici, sur les fenêtres, là sur les portes. On ne peut pas dire évidemment que la Cour du Cheval blanc est la copie exacte de la cour du petit château de Chantilly, pas plus d'ailleurs que le Péristyle de la Cour ovale n'est la reproduction du perron de la cour du grand château de Chantilly; mais la même inspiration y est évidente. Ainsi que l'a écrit J. Androuet du Cerceau du petit château, les deux cours avec leurs colonnes et pilastres, d'une grâce et d'une beauté tout classiques, « suivent l'art antique, bien « conduits, bien accoutrez ».

La date, approximative, qui peut être assignée, aujourd'hui, d'une façon plausible, aux corps de bâtiment de la Cour du Cheval blanc de Fontainebleau, 1531-1534, semble correspondre à la période qui s'écoula entre l'achèvement des travaux de Chantilly et l'entrée de Pierre Ier Chambiges au service de la Ville de Paris, comme « maistre des œuvres de maçonnerie », chargé de la construction du nouvel Hôtel de ville, après l'insuccès du Boccador (1).

J. A. du Cerceau, dans « Les plus excellents bastiments de France », dit de Chantilly : « Ce lieu est situé aux confins de la France, à dix lieues de Paris, ville cappi« talle, à une lieue de la ville de Senlis. Le bastiment consiste en deux places : la « première est une court en laquelle sont quelques bastimens ordonnez pour les « offices : la seconde est une autre court estant comme triangulaire, et est eslevée « plus haulte que la première, de quelque neuf ou dix pieds et faut monter de la « première pour venir à la seconde. Entour laquelle de tous costez est le bastiment « seigneurial, faict de bonne matière et bien basty. Iceluy bastiment et court sont « fondez sur un rocher, dans lequel il y a caves à deux estages, sentant plustôt, « pour l'ordonnance, un labirinthe qu'une cave, tant y a d'allées les unes aux autres « et toutes voultées. Pour le regard de l'ordonnance du bastiment seigneurial, il ne « tient parfaitement de l'art antique ne moderne, mais des deux meslés ensemble. « Les faces sont belles et riches, comme verrez par les desseins qu'en ay faict « expressement. En la court première est l'entrée du logis. Les faces des bastimens

---

(1) Léon Palustre a fait remarquer fort justement que les payements des mémoires des maîtres maçons entrepreneurs dans les « Comptes des Bâtiments du Roy » se rapportent généralement à des travaux exécutés depuis longtemps : les trésoriers de François Ier étaient constamment en retard, comme le seront plus tard ceux de Henri II, de Charles IX, et de Henri III pour les payements des travaux du Louvre. La somme importante versée à Pierre Ier Chambiges, en 1540, comme on le verra plus loin, concernerait donc très probablement des constructions remontant à cette période de 1531-1534.

« estans en icelle tant dans la court que dehors, suivent l'art antique, bien conduitz
« et accoustrez. Ces deux courts avec leurs bastimens sont fermez d'une grande
« eau en manière d'estang dont entre icelles y a séparation comme d'un fossé, par

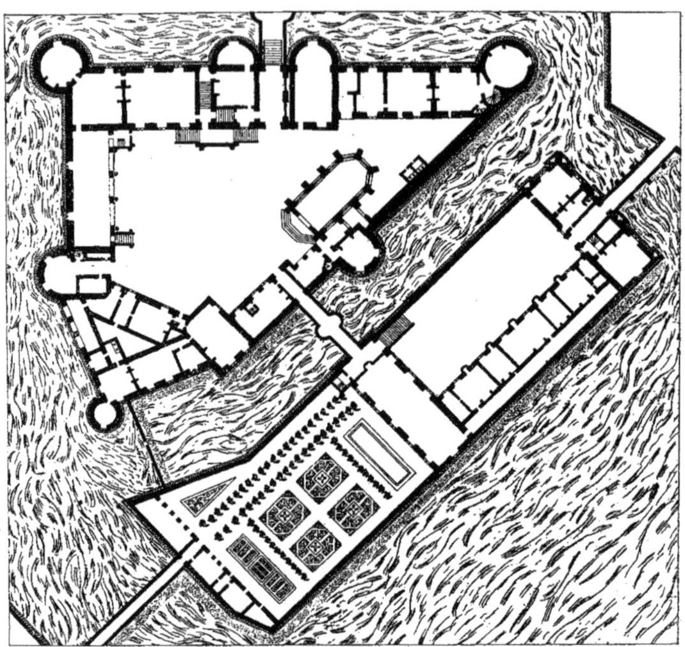

PLAN DU CHATEAU DE CHANTILLY

« laquelle séparation la ditte eaue passe au travers. En somme ce lieu est tenu pour
« une des plus belles places de France ».

D'après le plan ci-dessus, dessiné en 1592 (1), le grand château, d'une forme
en équerre, mesurait sur la façade de l'est, — la façade d'entrée —, 200 mètres; sur la
façade du nord, 96 mètres; sur la façade orientée au nord-ouest, 60 mètres; et sur
la façade ouest et sud-ouest, 230 mètres.

(1) Bibliothèque Mazarine : « *Plans et dessins de Chantilly comme estoient le château et le parc en
1592*, suivant les dessins levés et faits par Androuet du Cerceau », in-folio.

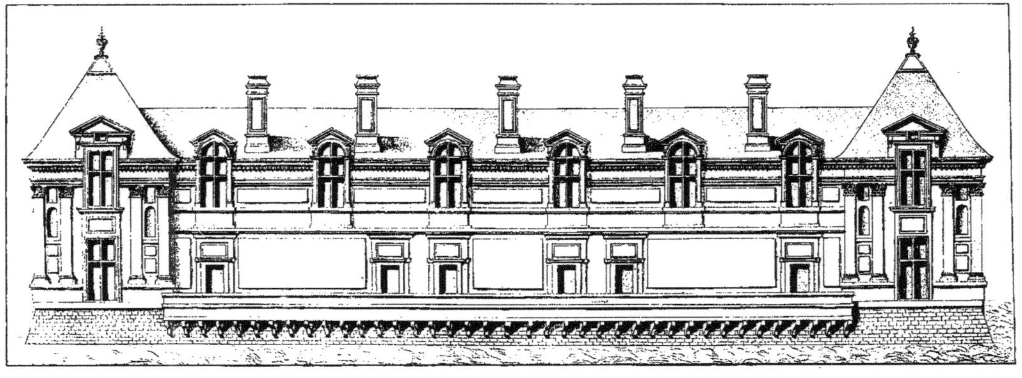

Dessin de J. A. du Cerceau.

Bibliothèque Mazarine.

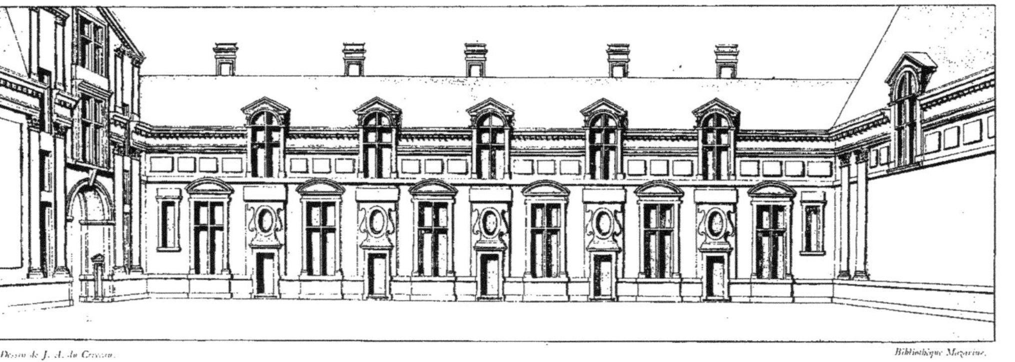

CHATEAU DE CHANTILLY

1. Face est extérieure des Offices. — 2. Face ouest de la cour des Offices.

Les gravures de J. A. du Cerceau, Pérelle, Israël Silvestre, et Aveline, nous ont conservé graphiquement l'œuvre de Pierre Ier Chambiges, telle qu'elle était avant les transformations apportées au XVIIe siècle, qui en modifièrent extérieurement la physionomie architecturale. Vu du dehors, Chantilly a, dans son ensemble, une silhouette encore toute féodale, aussi imposante que pittoresque, avec ses sept robustes tours rondes, aux soubassements évasés, aux toits en poivrière, et aux larges machicoulis, s'élançant fièrement des douves profondes ; avec son pont-levis jeté sur un large fossé ; avec sa porte massive d'entrée, ébrasée en archivoltes, et surmontée d'un tympan ; avec les grands combles de ses nombreux corps de logis. Mais la vieille forteresse n'en est pas moins rajeunie et égayée par les innovations de Pierre Ier Chambiges. Sur plusieurs façades, les épaisses et sombres courtines ont été ajourées de grandes fenêtres à meneaux, de lucarnes élégantes et très décorées, qui en font déjà extérieurement une habitation de plaisance ; et, dans la Cour d'honneur, l'œuvre du maître maçon d'Anne de Montmorency est toute d'élégance, de grâce, et d'originalité nouvelles.

La façade est de la Cour d'honneur comprend deux corps de bâtiment d'aspect très différents. Le corps de bâtiment du côté droit, évidemment de construction ancienne comme gros œuvre, présente un rez-de-chaussée, au mur sévère percé de trois ouvertures, — la grande porte d'entrée, une poterne, et une baie carrée éclairant la salle du bas, — deux étages de trois fenêtres à meneaux, et un étage supérieur de trois lucarnes en ressaut sur le comble. Toutes ces fenêtres et lucarnes sont la création de Pierre Ier Chambiges, ainsi que les quatre médaillons renfermant un buste de personnage, qui ornent le mur du rez-de-chaussée. Du côté du fossé, ce corps de bâtiment n'a pas été modifié ; il montre deux étages de fenêtres carrées, grillagées d'énormes barreaux de fer, et l'ancien chemin de ronde, porté sur corbeaux. Le corps de bâtiment du côté gauche dans la cour, de construction nouvelle, est divisé en deux étages comprenant trois fenêtres à meneaux et à chambranles très moulurés, que séparent, en trois travées, des pilastres d'ordre composite, supportant un entablement à décor d'armoiries supportées par deux génies. Le comble constitue une sorte d'étage supérieur de trois lucarnes d'une richesse d'ornements extraordinaire. Sur le fossé, la façade de ce corps de bâtiment a été reconstruite en entier ; elle offre la disposition suivante : au-dessus du soubassement de l'ancienne courtine, un premier étage de trois larges fenêtres à meneaux ; un deuxième étage formant saillie et porté sur des corbeaux, de façon à s'harmoniser avec la partie ancienne de la façade de l'autre côté du châtelet; les trois fenêtres à meneaux de cet étage sont accompagnées d'autant de mezzanines; au-dessus, se développe la corniche agrémentée de quatre gargouilles de pierre; le comble ne porte que deux lucarnes, très hautes et richement décorées.

A côté des deux corps de bâtiment de cette façade, s'élève un avant-corps, en forme de perron ou de péristyle, à un rez-de-chaussée surélevé de neuf marches et à un étage. Le rez-de-chaussée à jour se compose de deux arceaux plein cintre de face, et d'un arceau de côté, reposant sur de fines colonnettes d'ordre corinthien, et dont les angles s'étayent de colonnes, de même ordre, soutenant un entablement complet, à la frise ornée de deux médaillons à figures, et dont la corniche porte à ses extrémités, en aplomb sur les colonnes, au-devant de la base du pilastre supérieur, un ornement pyramidal. L'étage, formant terrasse fermée, comprend deux fenêtres géminées de face, et une fenêtre simple de côté, dont les piédroits et l'estanfiche sont des pilastres d'ordre corinthien, soutenant une corniche également ornée de médaillons à figures et de rosaces, avec un large fronton; une balustrade surmonte la corniche qui porte, aux deux angles de face, une grande statue. L'édicule est couvert d'un dôme à quatre pans, qui se termine par un très haut lanternon, dépassant les combles des deux corps de bâtiment de la façade. Faisant son rapport régulier sur l'état des travaux du grand château, Jehan Grolier écrivait au Grand maître de France, le 15 novembre 1530, sur ce perron : « Vous le « trouverez beau et de toute autre façon de maçonnerie que vous n'avez veu « jusqu'icy ». Ce perron conduisait à un escalier à double révolution desservant les deux corps de bâtiment : innovation technique de Pierre Iᵉʳ Chambiges, qu'il renouvellera, avec plus de développement, dans ses constructions ultérieures : l'Hôtel de Ville de Paris, les châteaux de Saint-Germain-en-Laye, de la Muette de la garenne de Glandas, et de Challuau. L'escalier de Chantilly est le prototype de tous les escaliers de ce genre, que trois autres architectes de ce temps, Pierre Lescot, Jacques et Guillaume le Breton ne feront qu'imiter au Nouveau Louvre et au château de Villers-Cotterets.

Sur la façade nord-ouest, se trouve la galerie, qui mesure 27 toises (54 mètres) de longueur et 10 de largeur. Elle se compose d'un rez-de-chaussée surélevé, que surmonte un grand comble formant étage par un rang de quatre grandes fenêtres en lucarnes, à fronton très décoré. La galerie s'ajoure par quatre grandes baies

plein cintre, dont les écoinçons sont remplis par un médaillon circulaire
enfermant un buste. Les baies sont séparées par cinq colonnes d'ordre corinthien,
au fût cannelé, supportant un entablement complet, dont la frise est ornée
d'armoiries dans chaque travée, et dont la corniche porte, en aplomb sur les
colonnes, un ornement pyramidal. La galerie se continue, en angle avec la façade
orientale, par un avant-corps carré de même ordonnance architecturale, qui
forme, à l'étage supérieur, une sorte de campanile hexagonal, aux arcatures
ouvertes, et au dôme surmonté d'une statue. L'éloge de cette galerie fait l'objet de
plusieurs passages de la correspondance de Jehan Grolier avec Anne de
Montmorency. « Il fait bon voir votre gallerye » : lui écrit-il, un jour; et, un autre,
il l'informe longuement de la mise en place des colonnes de cette galerie : « A
« mon advis vous (les) trouverez fort belles, aussi celles du perron pour monter en
« l'escallier, dont les unes sont plaines, les autres cannelées au long, autant plain
« que vuide, et n'y a que vostre plaisir si vous voulez qu'elles soient toutes
« semblables, ou une ouvrée et l'autre non, qui se pourra tousjours faire ». Cet
édicule renfermait une vis mettant en communication le rez-de-chaussée et le
premier étage de la galerie. Dans une lettre adressée par le secrétaire des finances
Villeroy au Grand maître de France, on lit à ce propos : « La vis qui est entre le
« dict corps d'ostel et la gallerie est arrestée jusqu'à la haulteur de la dicte vieille
« muraille et quelque chose davantaige, laquelle se trouvera belle et bien aysée de la
« grandeur qu'elle est ». La façade de la galerie sur le fossé, fut faite, en effet, avec la
vieille muraille transformée. L'avant-corps du chemin de ronde, porté sur des
corbeaux, est conservé, converti en un étroit étage, et ajouré de mezzanines ; au-
dessus, se dresse le comble, qui présente deux grandes fenêtres en façon de lucarnes,
au fronton très élevé et très ouvragé.

Après la galerie, la façade se continue par un bâtiment ancien, peu élevé,
dont le mur porte un colossal cadran solaire, au-dessus d'une margelle de puits.
Derrière ce mur, on aperçoit le comble du haut corps de bâtiment extérieur, maintenu
dans son état primitif, comme tous les corps de bâtiment sur les façades sud-ouest,
du côté du petit château. La façade sud de la cour se compose d'un vaste corps
de bâtiment, dont le gros œuvre, certainement ancien, a été aménagé par Pierre
Ier Chambiges en un rez-de-chaussée à fenêtres ogivales, deux étages avec huit
fenêtres à meneaux séparées, au premier, par des médaillons, et un grand comble
garni d'un rang de lucarnes, en même nombre, d'une grande richesse d'ornemen-

tation dans leurs frontons. La façade en vis-à-vis de la façade d'entrée comprend un corps de bâtiment qui paraît neuf, et n'est pas sans analogie de dispositions avec le «corps d'hostel» contigu à la galerie; un rez-de-chaussée, deux étages avec trois fenêtres, et un grand comble avec trois hautes lucarnes. D'après les anciennes estampes, il semble que de ce côté, également, la forteresse féodale n'ait subi extérieurement, sur le fossé, aucune modification.

L'œuvre de Pierre Ier Chambiges excita l'admiration des contemporains par sa beauté et par son originalité. Les témoignages en abondent. Jehan Grolier écrivait à Anne de Montmorency, en septembre 1530, que l'ambassadeur de Charles-Quint en France, M. de Noircarmes, trouva « très beau » le bâtiment. Vers ce même temps, le comte de Laval, beau-frère du Grand maître de France, lui mandait : « Mon « frère, je passé à Chantilly où j'ai trouvé monsieur vostre père, qui fist la « meilleure chère du monde à M. de Chateaubriant et à moy, au plus beau lieu que « je vis de dix ans ». A la fin de la description de l'idéale abbaye de Thélème, dans « Gargantua » (1), Rabelais dit : « Estoit cent fois plus magnifique que n'est « Chantilly, Bonivet, ni Chambourg (Chambord) ».

Beaucoup mieux que le palais de l'Echiquier de Normandie et l'hôtel du Bourg-theroulde à Rouen, ainsi que l'aile Louis XII du château de Blois, le grand château de Chantilly représente le type caractéristique de l'œuvre de transition de l'architecture du Moyen âge à celle de la Renaissance. Suivant la définition très exacte de J. A. du Cerceau, dans « Les plus excellenss bastimenss de France », l'édifice « ne tient parfaitement de l'art antique ne moderne, mais des deux « meslés ensemble ». Les lucarnes, par exemple, sont, évidemment, comme recherche d'effets décoratifs, et comme disposition pittoresque sur le comble, inspirées des charmantes et hardies inventions des maîtres maçons-tailleurs de pierre du XVe siècle; mais les éléments d'ornementation ont été puisés à d'autres sources. Et, ainsi, aucune pensée d'imitation, et moins encore de copie, ne s'éveille à l'imagination du spectateur qui ne songe à y voir qu'une lutte d'ingéniosité et d'habileté entre des artistes d'égale valeur. Mais, dans la galerie, le perron, le corps d'hôtel de la grande façade, le campanile, et le corps du bâtiment du fond de la cour, la Renaissance est en pleine floraison de sa grâce, de son élégance, de son

(1) Edition de 1535, et non la première où il n'est question que de Bonivet, bâti de 1523 à 1525.

charme ; et l'on s'explique l'admiration des grands seigneurs, des artistes, et des lettrés, qui, pour la première fois, en avaient la surprise et l'enchantement.

Chantilly est, chronologiquement, le premier édifice français où il ait été fait, d'une façon méthodique, l'application des éléments architecturaux de l'Art antique, constituant une construction homogène. Et, par là, Pierre Ier Chambiges doit être tenu désormais pour le véritable créateur en France de la Renaissance classique, au lieu et place de Pierre Lescot, Jean Bullant, et Philibert de l'Orme, à qui, jusqu'ici, dans toutes les histoires de l'Art, on a fait simultanément honneur de ce titre glorieux. L'hôtel Carnavalet a été commencé seulement en 1544 ; les lettres patentes pour la construction du Nouveau Louvre sont de 1546; les premiers travaux d'Écouen datent au plus loin de 1532, — et encore ce ne sont là que des présomptions auxquelles on ne peut donner la base d'aucun document —; et l'édification des Tuileries ne fut ordonnée par Catherine de Médicis qu'après l'avènement d'Henri II. Or, la galerie et le perron de Chantilly étaient achevés à la fin de 1530.

Quel a été le mode d'initiation de Pierre Ier Chambigés à cette connaissance parfaite de l'architecture antique ? Fit-il le voyage de l'Italie classique, comme le firent, plus tard, Pierre Lescot, Jean Bullant, et Philibert de l'Orme ? Ou se contentat-il d'étudier cette architecture dans « Vitruve », dont il avait été publié de son temps plusieurs éditions ? Jehan Grolier, qui était fort érudit et très expert en matière d'architecture, ne l'aida-t-il point de ses conseils et de ses critiques ? La chronologie la plus minutieuse de la vie du maître maçon de Chantilly ne révèle pas, entre ses collaborations aux travaux des cathédrales de Troyes, de Beauvais, et de Senlis, une lacune de temps suffisante pour un séjour à Rome. Les deux autres hypothèses sont seules possibles; et un passage de la correspondance de Jehan Grolier avec Anne de Montmorency relativement à Chantilly rend fort vraisemblable la troisième. « Monseigneur, écrit l'intendant artistique du connétable, le « 10 octobre 1527, depuis vostre partement, j'ay fait faire plusieurs deviz pour « l'édiffice que vous voullez estre faict au corps d'ostel de votre portail de Chantilly... « lequel ne se peult faire selon votre première intention, à cause de la « grosse muraille qu'il fauldroit faire porter sur la voulte de l'entrée où il ne se pour- « roit faire faulx arc qui y fut suffisant. Je vous en envoyeray deux formes entre cy et « deux jours pour vous résouldre à celle qui vous plaira.... » Sans doute aucun, Jehan Grolier faisait plus et mieux que de commander purement et simplement à Pierre Ier Chambiges et de transmettre les plans du nouveau château; sa situation personnelle dans cette entreprise, et sa compétence technique particulière, l'autorisaient à discuter avec le maître maçon, à le conseiller, de façon à rendre plus parfaite l'œuvre architecturale, dont il avait une certaine responsabilité vis-à-vis d'Anne de Montmorency. Il est certain qu'avant la venue en France de Sébastien Serlio —, nos maîtres maçons-tailleurs de pierre et maîtres d'œuvres de maçonnerie connaissaient fort bien l'architecture antique, et savaient s'en inspirer habilement. Jean Goujon en fournit le témoignage dans le discours qu'il a publié à la fin du « Vitruve » traduit par Jean Martin, en 1547 : « Et « encore, déclare le grand sculpteur, pour ce jourd'huy, avons nous en ce « royaume de France un messire Sébastien Serlio, lequel a assez dilligem- « ment escrit et figuré beaucoup de choses selon les régles de Vitruve, et « a esté le commencement de mettre de telles doctrines en lumière au « Royaume : Toutefois, j'en congnois plusieurs autres qui sont capables de ce « faire, néanmoins ils ne s'en sont encore mis en peine; et pourtant ne « sont dignes de petite louenge. Entre ceulx-là ce peut compter le « seigneur de Clagny Parisien, si faict aussy maistre Philibert de l'Orme..... « Et côbien que pour le présent je ne m'amuse à en nommer d'avàtage, « si est ce que je le pourroye bien faire ».

Quoiqu'il en soit de ces hypothèses, Pierre Ier Chambiges a fait, dans la construction du château de Chantilly, œuvre de génie, au sens exact du terme, c'est-à-dire : invention personnelle et originale ; et, ainsi, il s'y montre le précurseur de tous les grands architectes de la Renaissance française.

L'HOTEL-DE-VILLE DE PARIS

" Deviseur de plans " et " maistre maçon ".

L' « Ostel de Ville » gothique du Boccador.

Un chef-d'œuvre de la Renaissance française.

Dans une séance, tenue le 13 novembre 1529, par le Bureau de la Ville de Paris, le Prévot des marchands, Gaillart Spifame, manifesta au Gouverneur de Paris le désir de faire agrandir l'Hôtel de Ville, la vieille Maison aux Piliers, achetée par Etienne Marcel. François Ier en accorda l'autorisation, et imposa pour donner les plans, et diriger la construction des nouveaux bâtiments municipaux, Dominique de Cortone, dit le Boccador.

Qu'était ce Dominique de Cortone? D'après les documents officiels qui nous sont parvenus, où il est fait mention de son nom, de ses travaux et occupations, il était un « faiseur de chasteaux » (tours de bois pour fortifications), un « menuisier de tous ouvrages de menuiserie » (1); un « faiseur de patrons, de levées de bois, de ponts à passer rivières, de moulins à vent, à chevaulx et à gens » (2); un metteur en scène pour tournois et cérémonies officielles (3), un « deviseur de plans et pourtraictz » (4), à la façon de tous les artistes venus chez nous, pendant les règnes de Charles VIII, Louis XII, et François Ier. Théoricien

(1) *Comptes des Bâtiments du Roy* : Dépenses de Charles VIII. Travaux d'ameublement au château de Blois.

(2) *Comptes des Bâtiments du Roy* : Dépenses secrètes de François Ier.

(3) Baptême du Dauphin au château d'Amboise; tournoi à l'occasion du baptême sur la place du Grand-marché; cérémonie du couronnement de la reine Eléonore; fêtes du Camp du drap-d'or.

(4) *Registres des délibérations du Bureau de la Ville de Paris, 1532-1533.*

plus que praticien, il savait surtout développer des thèmes d'esthétique en beau
langage, dans des conversations brillantes, ce qui assura sa faveur auprès de
François Ier, qui aimait fort à discuter avec tout le monde, et, au dire des ambassadeurs vénitiens à la Cour de France, avait « la faculté de raisonner pertinem-
« ment sur tous les arts » (1). De là fut donné à Dominique de Cortone son surnom
si expressif de Boccador, sous lequel il est généralement connu.

Le Boccador commença les travaux de construction du nouvel Hôtel-de-Ville
vers 1530, par conséquent longtemps avant la date adoptée par la plupart des
historiens. Leroux de Lincy a fait, à ce propos, des déclarations formelles, basées sur
des documents officiels, marchés, et délibérations du Bureau de la Ville, que
l'incendie du palais municipal, en 1871, a détruits. Les premiers plans subirent
d'incessantes modifications; et les travaux ne furent pas poussés aussi activement
que le désirait François Ier, toujours impatient de voir terminer les édifices destinés
à embellir le Royaume. Le 23 avril 1533, le roi commandait de nouveau au
Prévôt des marchands et aux Échevins d'y faire « besongner en toute diligence ».
En septembre de cette année, la façade sur la place de Grève était cependant assez
avancée pour qu'on pût placer, — selon le témoignage de l'historien Jacques du
Breul, — « au dessus de la grand' porte dudict hostel », la plaque commémorant
la cérémonie de la pose de la première pierre. Cette cérémonie avait dû être constamment ajournée par suite des absences continuelles de François Ier. En juillet de
cette année-là, le roi voyageait dans le Lyonnais, le Velay, en Auvergne, et dans le
Languedoc. Ce furent le Prévôt des marchands, Pierre Viole, sieur d'Athis,
conseiller du roi au Parlement de Paris, et les Échevins, maistres Gervais Larchier,
Jacques Boursier, Claude Daniel et Jean Barthelemy, qui durent, eux-mêmes
poser, — fictivement, — la première pierre du nouvel Hôtel de Ville, de style
ogival, œuvre du Boccador.

L'Atlas des anciens plans de Paris contient une copie, — dite la Gouache —, du
Plan de la tapisserie, daté de 1540, et disparu depuis longtemps. Sur ce plan
figure « l'Ostel de ville », représenté en façade, ainsi que Notre-Dame, la Bastille,
le Louvre de Charles V, la Tour de Nesles, Saint-Gervais, Saint-Germain-l'Auxerrois, Saint-Germain-des-Prés, le Châtelet, etc. Cette façade est gothique, à la fois

---

(1) Armand Baschet : *La diplomatie vénitienne*, page 418.

au propre et au figuré. Elle consiste en un bâtiment à trois étages et rez-de-chaussée, divisé en trois travées, que forment à chaque étage des pilastres en aplomb sur les piliers du rez-de-chaussée, et se terminant par des pinacles très élevés. Les étages sont séparés par une large balustrade à rosaces, que supportent les pilastres. Le rez-de-chaussée est percé, dans la travée du milieu, d'une large porte massive, accompagnée, à droite et à gauche, d'une sorte de meurtrière, et, dans chacune des travées latérales, d'une haute fenêtre ogivale. Le premier étage comprend quatre hautes fenêtres ogivales; les deux de la travée centrale sont séparées par une grande rosace. Au deuxième étage, il y a cinq fenêtres, également ogivales, dont trois dans la travée de milieu. Le troisième étage présente le même nombre de fenêtres, deux ogivales, — celles de côté, — et trois plein cintre, — celles de milieu; — ces dernières sont surmontées d'un motif de décoration en forme de galerie à balustre. Au deuxième étage, les pilastres sont ornés chacun d'une niche à statue. L'édifice est couronné par trois pignons aigus; les deux de côté sont de moitié plus petits que celui de milieu. Du côté droit, le rez-de-chaussée, unique, se prolonge sur une longueur égale à celle du rez-de-chaussée de la partie à étages, avec trois travées, séparées par des piliers, dont une est cachée par les maisons en avancée sur la place.

Cette particularité d'édifice à moitié achevé a son explication et sa justification dans deux documents officiels : la transaction passée, en 1608, entre la Ville de Paris et l'hôpital du Saint-Esprit, au sujet d'un procès qui durait depuis soixante-quinze ans; et les lettres patentes de François Ier, en date du 23 avril 1533. D'après ces documents, les plans dressés par le Boccador comportaient, à droite, au-dessus du rez-de-chaussée, un oratoire, et, par conséquent, imposaient l'obligation de « recouvrer la saillye de l'église du Sainct-Esprit qui est joignant la saillye « du dict hostel, estant de largeur jusques au portail de la dicte église...... » Les maîtres et gouverneurs de l'hôpital du Saint-Esprit, soutenus par les protecteurs de la puissante confrérie de Notre-Dame de Liesse, dont le siège était dans la chapelle de l'hôpital, s'opposèrent énergiquement à l'exécution des plans de cette partie de l'édifice, qui devait enlever tout son jour à la chapelle, et en obstruer l'entrée. Ils en appelèrent au Parlement de Paris. Par un arrêt, en date du 26 juillet 1533, le Parlement condamna la Ville de Paris « à faire un pignon de devant, un arc de « 27 à 28 pieds de hauteur et 18 pieds de largeur, à niveau de l'édifice de la dicte

« Ville, pour y appliquer le dessous à l'augmentation de la chapelle du Saint-Esprit,
« et y faire eriger un portail en pierre;.... à mettre en la chapelle ou oratoire des
« treillis en fer et bois, par où l'on pourroit dud. oratoire voir dans la chapelle dud.
« Saint Esprit, avec fenêtres et huis à l'entrée dud. oratoire pour le fermer ».
Mais le Bureau de la Ville refusa d'exécuter ces travaux ; et, par suite de l'arrêt
qui ordonnait de surseoir à la continuation de l'édifice du côté de l'hôpital du
Saint-Esprit, jusqu'au payement de l'indemnité accordée à l'hôpital et à l'exécution des travaux prescrits, le palais municipal resta à l'état de rez--de-chaussée
pendant tout le XVIᵉ siècle. Dans la transaction, il est écrit que « depuis le dit arrêt
« de 1533 l'édiffice du dit hostel de Ville (soit la façade sur la place de Grève) aurait
« été discontinué jusques au 3 juillet 1607 » (1).

La figuration de la construction du Boccador justifie de tous points le passage
des « Recherches des antiquitez de la ville de Paris », par Sauval, où on lit que
l'ordonnance du grand corps de logis (la façade sur la place de Grève) parut
« gothique », et qu'à la suite de cette constatation on réforma le « desseing antien ».

La supposition, émise par quelques historiens de la Ville de Paris, que
l'« Ostel de Ville » du Plan de la tapisserie pourrait n'être que la Maison aux piliers
ne présente aucune vraisemblance. La célèbre miniature du missel de Juvénal des
Ursins, représentant une procession sur la place de Grève au XVᵉ siècle, contient la
figuration de la Maison aux piliers. Cette maison est une construction reposant
sur des piliers, à un rez-de-chaussée à galerie couverte, et à un seul étage surmonté de
pignons à rosaces. Les plans de Georges Braun et de Sébastien Munster, datés de
1530, et les travaux de Des Cilleuls sur le domaine de la Ville de Paris, prouvent
qu'elle était contiguë à l'hôpital du Saint-Esprit, et séparée de la rue du Martroy
par un pâté de sept maisons, dont deux, à l'angle de cette rue et de la place de
Grève, formaient le « Coin de Grève ». Or, les deux copies du Plan de la tapisserie, — la Gouache, et un dessin de Gaignéres, — montrent un bâtiment sis sur le
Coin de Grève, sans le pâté des maisons achetées et démolies par le Bureau de la
ville, de 1529 à 1530, pour situer sur leur emplacement la construction nouvelle
du Boccador. En outre, à la date de l'exécution du Plan de la tapisserie, la
Maison aux piliers était enclose, et invisible derrière la façade de l' « Ostel de
Ville », bâtie au-devant, au moyen d'une emprise sur la place, propriété de la

Ville par suite de la donation qui en avait été faite par Louis VII aux bourgeois de Paris (1).

En construisant un édifice gothique, le Boccador n'avait fait que se conformer aux prescriptions du Bureau de la Ville et du roi, telles qu'elles résultent des lettres patentes royales, où il est dit qu'il s'agit « de faire croistre, eslargir, bastir et « réedifier de nouveau l'hostel commun d'icelle ». La nouvelle construction devait rappeler, comme style architectural, la Maison aux piliers, afin d'éviter un contraste trop vif entre les deux édifices juxtaposés.

En même temps que commençait à s'élever sur la place de Grève la façade de l' « Ostel de Ville », le Boccador entreprenait la construction du corps de bâtiment sur la rue du Martroy, dont il fit le rez-de-chaussée tout entier; et il jetait les fondations du corps de bâtiment sur la ruelle Saint-Jean. Quand la partie achevée de la façade du nouvel Hôtel de Ville fut découverte, la population parisienne trouva suranné, banal, et impropre à sa destination, le palais municipal bâti sur les plans de cet « architecte » italien. Il est certain qu'un édifice ogival n'était point ce que désiraient et avaient espéré pour le siège de leur municipalité les Parisiens, que tant de merveilles artistiques, nouvellement créées dans les environs,— les châteaux de Gaillon, de Chantilly, de Fontainebleau, de Villers-Cotterets, de Madrid au bois de Boulogne, etc.,— avaient mis en goût de l'art français nouveau. Evidemment la population, frondeuse et spirituelle, ne ménagea pas les critiques malicieuses sur la bâtisse mal venue et informe d'un artiste étranger, imposé à la municipalité par un caprice royal, pour l'humiliation et au détriment d'architectes parisiens et provinciaux: Pierre Ier Chambiges, les trois le Breton, Guillaume Senault, Pierre Gadier, etc., qui avaient fait leurs preuves de haute maitrise. « A quoi pensait donc « cet étranger ? s'écriait, un jour, avec indignation, le Prévôt des marchands, Fran- « çois Miron, qui fit procéder à la démolition de la façade ogivale, sa construc- « tion est bonne à loger des ribaudes et non des magistrats. »

En présence des protestations générales, le Bureau de la Ville décida de « réfor- mer le desseing antien », et de faire appel à un des maîtres maçons-tailleurs de pierre de Paris, pour dresser de nouveaux plans d'un palais municipal, et pour remplacer le Boccador. Ce fut Pierre Ier Chambiges que le Prévôt des marchands et

---

(1) MARIUS VACHON : *Mémoires adressés au Conseil municipal de Paris sur le projet de placer dans l'Hôtel-de-Ville une inscription en l'honneur du Boccador*; novembre 1903, février 1904, et mai 1905.

les Échevins choisirent. La construction du château de Chantilly avait appelé l'attention sur lui, et le désignait comme le maître le plus habile de son temps. Et, sans doute aucun, il fut demandé à Pierre Ier Chambiges de refaire à Paris, dans des proportions et des dispositions nouvelles, ce qu'il avait si bien fait à Chantilly.

Dans une délibération du Bureau de la Ville, en date du 15 juin 1534, on lit:
« Ce dit jour, mondit sieur le Prévost des marchans a remonstré à Me Pierre
« Sambiches, Jacques Arasse, Jehan Asselin, Loys Caqueton, et Dominique de
« Courtonne, qu'ils façent desorénavant plus grande diligence d'avoir resgard sur
« les ouvriers besongnant au faict de l'édiffice et bastiment de l'Hotel neuf de Ville,
« et qu'ils ne voisent dîner ensemble, à ceque partie d'eulx soient ordinairement
« pour avoir resgards sur touz les dictz ouvriers, si tous ensemble ne peuvent estre.
D'autre part, dans la copie d'un compte de cette même année, relatif aux appointements payés pour les travaux de l'Hôtel de Ville, le Boccador figure pour 250 livres de gages par an (1.000 francs), et Pierre Ier Chambiges pour 25 sous (1 livre et 5 sous) par jour, soit environ 350 livres par an (1.400 francs). Un extrait des délibérations du Bureau de la Ville, année 1539, contient cette autre mention :

« Aujourd'huy mercredi, 30 Juillet 1535, au Bureau de la Ville, a esté enjoinct
« à maistre Regnault Bachelier, contrerolleur des bastimens et édiffices de l'Ostel
« de la d. ville que doresnavant il ait à faire registre du deffault que feront mais-
« tres Pierre Chambiges et Charles Leconte, maistres des œuvres de la d. Ville et
« maistre Dominique de Cortonne, à l'exercice de leurs commissions, et de nous
« en rapporter deux foys la sepmaine son contrerolle selon le temps, jours et
« heures qu'ilz auront failly de servir à leurs dites commissions, pour le faict du
« bastiment de l'hostel de la d. ville, et sous peyne de recouvrer sur luy ce que lesd:
« Chambiges, Leconte et Dominique auront receu pour le temps du deffault de
« leurs dits services. Et sera ceste présente ordonnance signiffiée aus dits Chambi-
« ges, Leconte et de Cortonne ad ce qu'ilz n'en prétendent cause d'ignorance. »

Une délibération du Bureau de la Ville, en date du 15 mars 1548, contient la définition administrative du terme « commission des maistres des œuvres » employé dans ce document à l'égard de Pierre Ier Chambiges :

« Tous lesquelz (le Prévôt des marchands, les Échevins et les Conseillers) ont
« conclud, advisé et délibéré que ladicte commission dudict Bachelier n'a rien de
« commung avec ledict contrerolle dudit Beauvais, et que pour le bien, prouffit et
« utilité de ladicte Ville, il est très expédient et nécessaire que ledict Bachelier

« demeure en sa dicte commission, actendu que les ouvrages dudict bastiment se
« font à journées, et que les maistres des œuvres d'icelle Ville ne sont commis
« que pour dresser et faire employer les œuvres de maçonnerye et charpenterie,
« et non pour faire besongner et haster les ouvriers, comme faict ledit Ba-
« chelier, toutes les heures du jour, comme le contient sa commission, ce que
« ne pourroit faire ordinairement ledict de Beauvais, actendu qu'il est assez
« empesché à faire le contrerolle des deniers commung, sous et octrois, tant en
« recepte que despense, et même les deniers dudict bastiment. »

Le Boccador, dès l'année 1534, tout au moins, avait donc définitivement cédé
à Pierre Ier Chambiges la première place, celle de directeur des travaux de l'Hôtel
de Ville. Pour sauvegarder l'amour-propre et les intérêts du protégé du roi et de la
reine, le Bureau de la Ville l'avait maintenu dans la nouvelle entreprise, avec des
gages, un titre, et une fonction ; mais il en faisait le subordonné du maître maçon
parisien.

Un document officiel fait connaître que, peu de temps après la nomination de
Pierre Ier Chambiges à la direction des travaux de l'Hôtel de Ville, au mois d'avril
1535, quatre Conseillers furent adjoints au Prévôt des marchands et aux Échevins
pour terminer un grave différend relatif à ces travaux ; le différend durait encore à
la Notre-Dame de septembre 1536, au grand mécontentement du Bureau de la
Ville. Par suite de la disparition de la plupart des documents administratifs
concernant la construction de l'Hôtel de Ville, et notamment du « Registre des
assemblées, délibérations et autres actes, concernant le fait du bâtiment neuf de
l'Hôtel de Ville de Paris, du 29 mai 1533 au 26 juin 1538 » (1), on en est réduit
aux hypothèses, relativement à l'origine et à la fin de ce différend. Mais une
coïncidence de dates et de faits permet d'émettre une probabilité qui touche à la
certitude. La transaction de 1608 révèle que, à la date du 25 avril 1535, il fut
signé un plan de l'Hôtel de Ville de la Renaissance, « plan en parchemin »,
conservé autrefois dans les Archives de la Ville, dont le souvenir n'a pas toujours
été perdu, et qui était même si vivant au milieu du XVIIe siècle qu'on peut lire dans
la notice explicative du plan de Paris par Jacques Gomboust, daté de 1652, cette
mention, précieuse pour l'histoire monumentale de l'Hôtel de Ville, et négligée,
pourtant, par tous les historiens de la Ville de Paris : « L'Hostel de Ville en la

---

(1) Manuscrit in-folio, que Leroux de Lincy déclare avoir été versé, en 1798, dans les collections de la
Bibliothèque nationale, d'où il a disparu.

« place de Grève fut commencé à bastir comme il est, l'an 1535, par l'ordre de
« François Ier, mais il n'a été parachevé que sous Henri IV ». La « Topographie
de la France », publiée en 1660, à Amsterdam, en langue hollandaise, par Jost
Broersz et Caspar Mérian, contient ce passage sur l'Hôtel de Ville de Paris : « La
« première pierre du nouvel édifice a été posée en 1535 par François Ier. »

Le « plan du 25 avril 1535 » était l'œuvre de Pierre Ier Chambiges, puisque,
d'après la transaction, il servit jusqu'en 1608 pour la construction des diverses
parties de l'édifice nouveau, qui reproduisent intégralement des parties architecturales et ornementales du château de Chantilly, achevé par ce maître maçon-
tailleur de pierre cinq ans auparavant.

Le Boccador ne dut pas accepter, sans protestations, sans appel à ses puissants
protecteurs, au roi certainement, la mise à exécution d'un plan nouveau qui
impliquait la démolition de son œuvre. De là ce différend administratif qui fit
suspendre, pendant un long temps, les travaux de construction. Et, il est probable
que l'artiste italien obtint, grâce à l'intervention de ses protecteurs, que l'on ne
toucherait pas à la façade sur la place de Grève avant sa mort, — qui ne pouvait
tarder, puisque, à cette date, le Boccador, venu en France sous Charles VIII, à la
suite de l'expédition en Italie de 1497, devait être au moins septuagénaire; — en
effet, le Prévôt des marchands et les Échevins n'ordonnèrent la démolition de la
façade qu'en 1545, l'année où il mourut.

Pierre Ier Chambiges commença à construire, en entreprenant le corps de
bâtiment sur la ruelle Saint-Jean, qui fut terminé en 1539; puis, il éleva, en 1539-
1540, le corps de bâtiment sur la rue du Martroy, en utilisant le rez-de-chaussée
du Boccador. Il n'est pas contestable que ces deux corps de bâtiment faisaient
partie du « plan du 25 avril 1535 ». Leurs façades sur la cour comprennent le
portique à colonnes, accompagnant des arcades ouvertes, que le maître maçon bâtit
sur le modèle de la galerie et du perron du grand château de Chantilly (1); et les
lucarnes en pierre, dont le dessin, si original et si particulier, rappelle celui des dais des

(1) M. Daumet, l'architecte éminent qui a construit le nouveau château de Chantilly, sur l'empla-
cement du grand château, m'écrivait à ce propos, le 21 décembre 1904 : « Mêlé à vos luttes, pour faire
« prévaloir la part déterminante qui appartient aux artistes français dans la construction de l'Hôtel de
« Ville de Paris, après l'insuccès du Boccador, j'ai lu avec soin une récente réfutation de vos opinions par
« M. Stein. Je n'ai pas l'érudition du savant ni le moyen de me faire une part de jugement à ce propos.
« Cependant, il me paraît que, dans des appréciations qui concernent l'architecture, ceux qui y ont con-
« sacré leur vie peuvent appuyer des opinions judicieuses. Les vôtres, en ce qui est de Pierre Chambiges,
« m'ont paru sans répliques; vos rapprochements entre les travaux de ce maître d'œuvres à Chantilly et

niches placées entre les colonnes du rez-de-chaussée des pavillons de l'arcade Saint-Jean et du Saint-Esprit, construits d'après ce même plan, aux termes de documents officiels.

A la mort de Pierre Ier Chambiges, en 1544, le Prévôt des marchands et les Échevins, évidemment sur sa désignation, choisirent, pour lui succéder, dans la direction des travaux de l'Hôtel de Ville, son gendre Guillaume Guillain, qui, en même temps, recevait du roi la mission de continuer les constructions de Pierre Ier Chambiges à Fontainebleau et à Saint-Germain-en-Laye. Le nouveau « maistre des œuvres de maçonnerie de la Ville de Paris » entrait en fonctions en une période d'accalmie, sinon d'interruption des travaux, motivée par des considérations de pénurie financière. Guillaume Guillain procédait, en 1545, et avec rapidité, à la démolition de la façade ogivale du Boccador jusqu'au rez-de-chaussée. Le fait a été signalé et commenté par la plupart des anciens historiens de Paris (1). D'autre part, deux historiens modernes, Leroux de Lincy, dans « l'Histoire de l'Hôtel de Ville de Paris » (1846), et de Guilhermy, dans « l'Itinéraire archéologique de Paris » (1855), ont reconnu, par l'examen technique minutieux de la construction de l'ancien palais municipal, qu'antérieurement à l'Hôtel de Ville de la Renaissance il avait été commencé, puis interrompu, un édifice d'une architecture très différente, dont les fondations et certaines parties du rez-de-chaussée avaient été utilisées par l'architecte du monument définitif. Une délibération du Bureau de la Ville, du 14 novembre 1551, fait mention qu'à cette date une voûte à droite de la grande porte d'entrée de l'Hôtel de Ville est à découvert; pour la préserver d'un danger imminent de ruine, à cause de la malefaçon du travail de maçonnerie, il était devenu urgent de la couvrir d'un toit de charpente.

La construction du pavillon de l'arcade Saint-Jean fut commencée en 1549. Les « Registres des délibérations du Bureau de la Ville », pour cette année-là,

« la partie inférieure de l'Hôtel de Ville, sont si judicieux, je le répète, que, même avec des inscriptions « non contestables sur la foi de ceux qui les ont fait graver, on peut considérer comme définitives vos « appréciations. A mon avis, il n'y a rien en Italie de l'époque du Boccador, ou de ses maîtres, qui soit « comparable à ce qui a été reproduit, à Paris, par M. Ballu, et que j'ai vu avant l'incendie, la façade si « harmonieuse et si française de l'Hôtel de Ville ».

(1) Antoine de Montroyal, dans *Les glorieuses antiquitez de Paris* (1678); Sauval, dans *Les recherches des antiquités de la Ville de Paris* (1724) ; Félibien, dans *l'Histoire de la Ville de Paris* (1725); Piganiol de la Force, dans la *Description historique de la Ville de Paris et de ses environs* (1765); et Jaillot, dans les *Recherches critiques, historiques et topographiques de la Ville de Paris* (1775). Piganiol de la Force et Jaillot spécifient même le nombre des étages démolis à la suite de cette opération.

rapportent qu'au feu de joie tiré en février, à l'occasion de la naissance du second fils du roi, les cinquante pièces d'artillerie ou mortiers, furent placés « partie dans « les bastimens de l'Ostel de la ville, partie en bas, sur les sièges (fondations) du « bastiment ». Dans les mêmes registres, on lit que le dîner offert, au mois de juin, à la reine, par la municipalité, dût être organisé dans la salle épiscopale de l'évêché de Paris, « au moyen que l'Ostel de la dicte ville estoit incommode pour le bastiment « neuf que l'on faict d'icelluy ».

Guillaume Guillain put utiliser, dans son gros œuvre, le rez-de-chaussée de la façade ogivale du Boccador, comme avait été utilisé par Pierre Ier Chambiges le rez-de-chaussée du corps de bâtiment sur la rue du Martroy. Mais, il dut le transformer extérieurement pour le mettre en une certaine harmonie avec le pavillon de l'arcade Saint-Jean, lorsque les régents et les gouverneurs de l'hôpital du Saint-Esprit et la Confrérie de Notre-Dame de Liesse, s'appuyant sur l'arrêt de 1533, rendu par le Parlement contre la Ville de Paris, firent de nouveau opposition à l'achèvement de la partie nord du nouveau palais municipal, et réussirent à toujours l'empêcher, situation singulière qui dura encore cinquante-neuf ans. Le Plan de Truschet, dit le Plan de Bâle (1552), et le Plan de Belleforest (1575), montrent un rez-de-chaussée qui contient le même nombre de travées que le rez-de-chaussée de la construction ogivale du Plan de la tapisserie, mais qui présente une disposition différente des croisées et des portes, et un large fronton décoré d'une guirlande, destiné à couronner cette façade provisoire. Sur un dessin de Jacques Cellier (1586), le rez-de-chaussée apparaît peu différent; et, enfin, le tableau du musée Carnavalet, « La procession de la Ligue sortant de l'arcade Saint-Jean, le 14 mai 1590 », offre une construction à peu près semblable, avec quelques changements cependant dans la forme des ouvertures.

Après la pacification complète du royaume par Henri IV, en novembre 1605, le Prévôt des marchands et les Échevins décidèrent de terminer l'Hôtel de Ville. Une transaction intervint en 1608 entre le Bureau de la Ville et l'hôpital du Saint-Esprit, au sujet du procès qui durait depuis soixante-quinze ans. Pierre Guillain qui, depuis 1582, avait succédé à son père, dans la fonction de « maistre des œuvres de maçonnerie de la Ville de Paris », achevait le corps de bâtiment central sur la place de Grève. Le rez-de-chaussée ancien est complètement remanié dans ses dispositions architecturales et ornementales. Les pilastres massifs sont remplacés par des colonnes « canelées » et « sizelées », dont on possède le devis; les

Photographie Braun, Clément et Cie.

Phototypie Bertrand.

L'ANCIEN HOTEL DE VILLE DE PARIS

Après la restitution.

anciennes fenêtres, très simples, sont surmontées d'un fronton rectangulaire, au tympan orné d'un médaillon; et s'encadrent d'une baie plein cintre, dont l'archivolte repose sur des pilastres, et dont les écoinçons contiennent des cercles de moulures, semblables à ceux de la galerie de la cour. Dans le soubassement sont ouverts des soupiraux à meneau vertical. Au-dessous de la première et de la sixième croisées, de nouvelles portes cintrées sont percées au ras du sol; et devant la porte centrale est établi un perron de plusieurs marches à trois pans.

Des photographies faites dans les ruines de l'Hôtel de Ville, après l'incendie de 1871, conservées à la Bibliothèque historique de la Ville de Paris, montrent les traces des anciens remaniements apportés au gros œuvre du rez-de-chaussée de la façade du Boccador sur la place de Grève, qui le transformèrent complètement dans toutes ses parties, tant à l'extérieur qu'à l'intérieur, et changèrent les dispositions et les dimensions des portes et des fenêtres.

Pour consacrer cet achèvement de l'Hôtel de Ville de Pierre Ier Chambiges, le Bureau de la Ville fit placer, à l'intérieur de la porte d'entrée, dans un encadrement de deux figures allégoriques en pierre, au-dessous de la fameuse inscription latine de 1533, relative à la pose de la première pierre de la construction du Boccador, — où le nom du « deviseur de plans » italien figure à la suite du Bureau de la Ville, avec la mention : « Domenico Cortonensi architectante », — une seconde inscription, qui en est le complément et le correctif :

(AT HENRICO IV FRANCORUM ET NAVARRORUM
REGE INVICTISSIMO, FRANCIS. MIRON PROPRŒ-
TORE ET DECURIONUM PRÆFECTO, P. SAINC-
TOT, J. DE LA HAYE. G. DE FLÉCELLES, ET N.
BELUT, DECURIONIBUS, HOC OPUS, SUPERIO-
RUM TEMPORUM FORTUNA INTERMISSUM, A SOLO AD
FASTIGIUM USQUE CONTEXTU ÆDIFICII REPE-
TITUM EST M. D. C. VI.

(Mais sous Henri IV, roi invincible de France et de Navarre, François Miron, Prévôt des marchands, et P. Sainctot, Jean de la Haye, G. de Flécelles, et N. Belut, Échevins, ce monument, interrompu par les événements des temps antérieurs, a été repris du sol à son sommet, 1606).

Ainsi, dans les deux inscriptions de 1533 et de 1606, sont résumées, avec la précision épigraphique, les deux phases très distinctes de l'histoire du palais municipal ancien : la construction du Boccador, et la construction de Pierre Ier Chambiges. L'inscription de 1533, —, base de la fausse légende du Boccador architecte de l'Hôtel de Ville de la Renaissance, — commémore exclusivement le fait que l'artiste italien, le « deviseur de plans », était l'architecte de l'édifice dont on posait solennellement la première pierre, soit l'édifice ogival du Plan de la tapisserie, démoli en 1549. L'inscription de 1606, dont le texte débute par le terme « mais », correction autant que complément du texte précédent, notifie la réfection de fond en comble, — d'après le plan de Pierre Ier Chambiges, le « plan du 25 avril 1535 », — de la façade du monument sur la place de Grève, réfection ayant fait disparaître l'édifice primitif, œuvre du Boccador (1).

(1) Au mois de juillet 1903, le Comité des Inscriptions parisiennes proposait au Conseil municipal de Paris de faire placer, dans la cour centrale de l'Hôtel de Ville, une inscription contenant ces lignes relatives au monument de la Renaissance :

L'Hôtel de Ville
Commencé en 1530
Sur les plans de Boccador
Achevé en 1628.

J'adressais au Conseil municipal, en novembre 1903, en février 1904, et en mai 1905, trois mémoires pour protester contre ce projet d'inscription dépossédant Pierre Ier Chambiges, au profit du Boccador, de l'honneur de la construction de l'ancien Hôtel de Ville, brûlé en 1871. Saisie par moi de ce déni de justice, la Société centrale des architectes français prit fait et cause pour le maître maçon parisien. Son président, M. Nénot, membre de l'Institut, adressait à M. Léopold Delisle, président du Comité des Inscriptions parisiennes, la lettre suivante, accompagnée d'un autre projet d'inscription :

« La Société centrale des architectes français, n'ayant pas cru devoir se désintéresser du projet d'ins-
« cription à placer dans l'Hôtel de Ville de Paris, dont l'a saisie M. Marius Vachon, a renvoyé l'étude de
« ce projet à la Commission d'archéologie de la société, et j'ai l'honneur de vous adresser ci-dessous le
« texte de l'inscription adoptée par cette Commission, sur la proposition de son président M. Daumet,
« membre de l'Institut.

« Veuillez agréer, etc.

Le président de la société, membre de l'Institut,
H. P. Nénot.

L'Hôtel de Ville
Commencé vers 1530 d'après le modèle
De Dominique de Cortone dit le Boccador
Réédifié vers 1535
Sur les plans de Pierre Ier Chambiges
Maistre des œuvres de maçonnerie
De la Ville de Paris
Continué et achevé en 1628.

Le projet d'inscription proposé par la Commission des Inscriptions parisiennes a été définitivement abandonné à la suite de toutes ces protestations.

En 1609, Pierre Guillain commença la construction du pavillon du Saint-Esprit, qui reproduisait complètement, dans ses dispositions architecturales et dans son ornementation, le pavillon de l'arcade Saint-Jean. A la date du 5 mai de cette année là, était intervenu la transaction dans laquelle il est déclaré que le Bureau de la Ville communiqua aux experts, parmi lesquels se trouvait Pierre II Chambiges, le « vieux plan du 25 avril 1535 » ; et, que, sur ce plan, les experts rédigèrent le devis des travaux de maçonnerie, en date du 21 mars 1608, accepté par les deux parties, qui servit de base à la rédaction définitive du devis pour la construction du pavillon du Saint-Esprit, en date du 8 avril 1609.

De 1618 à 1623, Augustin Ier Guillain, le fils de Pierre Guillain, et l'arrière petit-fils de Pierre Ier Chambiges, construisait, derrière le pavillon du Saint-Esprit, le corps de bâtiment fermant ainsi la cour. L'architecture et la décoration de ce bâtiment reproduisaient intégralement celles des corps de bâtiment de la ruelle Saint-Jean et de la rue, du Martroy, élevés par Pierre Ier Chambiges lui-même; dans la lucarne en pierre, le chiffre de Louis XIII avait remplacé simplement le chiffre de François Ier. Enfin, en 1628, sous la direction du même maître des œuvres, l'Hôtel de Ville était définitivement achevé.

L'histoire monumentale de l'Hôtel de Ville de la Renaissance, pendant tout son développement, de 1535 à 1628, présente une succession ininterrompue de « maistres des œuvres de maçonnerie de la Ville de Paris », chargés de la direction des travaux, qui appartiennent à la même famille : Pierre Ier Chambiges, Guillaume, Pierre, et Augustin Ier Guillain. Toutes les fois qu'il est question d'apporter des modifications au plan de l'édifice ou, à la suite de quelque différend administratif, d'en maintenir les dispositions, le Bureau de la Ville fait intervenir, comme expert, conseil ou arbitre, un autre membre de la famille, Pierre II Chambiges. L'acceptation constante des Guillain par les Prévots des marchands, — de Jean Morin (1544) à Christophe Sanguin (1628) —, et les appels fréquents à Pierre II Chambiges prouvent la préoccupation continuelle de leur part d'assurer la réalisation parfaite du plan dressé, en 1535, par Pierre Ier Chambiges. Ils la confiaient aux héritiers de son nom et de sa gloire, qui, pendant l'espace d'un siècle, ont, en effet, dans leurs travaux, suivi ce plan fidèlement, avec un respect filial, en lui apportant simplement le complément indispensable des dispositions secondaires imposées

par les besoins et les exigences· des générations successives, sans que la
physionomie si expressive de l'œuvre de l'aïeul, ait jamais été modifiée ni altérée.

Pierre Ier Chambiges avait dressé, en 1535, un plan définitif et complet
du palais municipal; et il avait apporté, dans la conception et dans la rédaction
de ce plan, la maîtrise technique et les qualités géniales d'invention qui
devaient en assurer l'unité et l'originalité. Dans un rapport adressé, en 1872,
au Conseil municipal, au nom du Conseil des Travaux d'architecture de la Ville
de Paris, un grand architecte de notre temps, Duc, l'auteur du Palais de justice

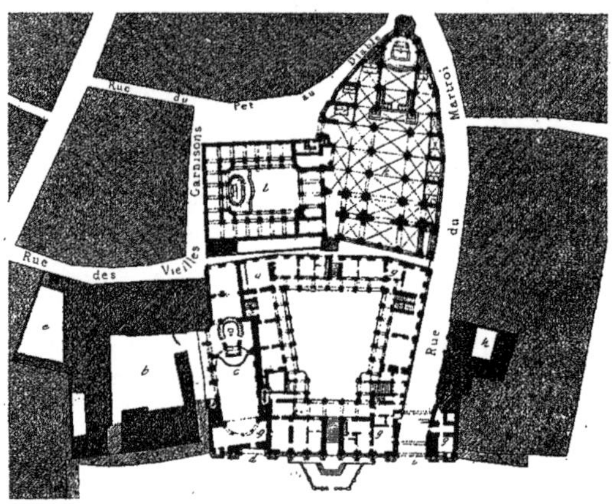

PLAN DE L'ANCIEN HOTEL DE VILLE DE PARIS

a. Bâtiment de l'hôpital du Saint-Esprit.
b. Cour principale de l'hôpital du Saint-Esprit.
c. Chapelle du Saint-Esprit.
d. Arcade du Saint-Esprit.
e. Cour des dépendances de l'Hôtel de Ville.
f. Cour d'honneur de l'Hôtel de Ville.
g. Bureaux de l'Hôtel de Ville.
h. Dépendances de l'Hôtel de Ville.
i. Arcade Saint-Jean.
k. Eglise de Saint-Jean en Grève.
l. Chapelle Saint-Jean.

de Paris, portait sur cette œuvre ce jugement. « L'Hôtel de Ville de la fin du
« xvie siècle était un joli monument, complet, bien proportionné, flanqué
« adroitement de deux pavillons avec échauguettes et surmonté d'un beffroi.
« Les adjonctions que l'on fit à cet édifice, il y a trente cinq ans, eurent le
« tort de détruire l'harmonie parfaite de la composition première ».

L'analyse des diverses parties de l'édifice démontre la puissance d'invention et l'ingéniosité de l'artiste et du constructeur. Faisant habilement d'une difficulté un moyen, Pierre Ier Chambiges imagina, pour mettre fin au conflit entre la Ville de Paris et l'hôpital du Saint-Esprit, au sujet de l'entrée de la chapelle de cet établissement, cette conception hardie de deux pavillons d'angle portant sur une vaste arcade ouverte, qui assurait les communications entre la place de Grève et des points de la ville fréquentés par le public : l'église Saint-Jean et la chapelle de l'hôpital du Saint-Esprit ; et donnait à l'édifice l'importance et les développements nécessités par les besoins administratifs. Les pavillons d'angle et le corps de logis central devaient varier de proportions, en vue d'une silhouette au profil pittoresque ; pour les harmoniser, il les relia par la série des statues du premier étage, se développant sur l'étage correspondant des pavillons. Innovation charmante, spirituelle, car l'idée décorative se complétait d'une idée sociale de haute portée : la glorification des hommes qui ont honoré la cité par leurs vertus et par leurs œuvres.

La construction du Boccador était vieille de style, banale de physionomie, incommode de dispositions, et impropre à sa destination. L'artiste étranger, qui ne savait dessiner des plans qu'à la mode d'Italie, malgré son long séjour en France, n'avait pu faire que du gothique italien, avec quelques emprunts indécis et maladroits à l'art antique. Mariette, le grand collectionneur et historiographe d'art, qui avait vu le Plan original de la tapisserie représentant l'ancien Hôtel de Ville, définissait ainsi son genre et son talent, d'après son œuvre architecturale unique, car le Boccador n'avait encore, aussi bien dans son pays d'origine qu'en France, construit aucun bâtiment, et n'avait fait besogne que de menuisier et de décorateur de fêtes publiques : « Cet architecte avait un goût « mesquin, et, par suite de la mauvaise manière qui régnait alors, il mêlait l'archi- « tecture grecque avec la gothique, composé bizarre et qui n'est pas supportable ».

Et, pourtant les modèles de palais municipaux neufs en style ogival et en style de transition, présentant de l'originalité, de la fantaisie, et de l'élégance, ne manquaient pas à Dominique de Cortone ; et auraient pu lui inspirer des idées architecturales et décoratives heureuses, opportunes, s'il avait eu le moindre talent, ne fut-ce que celui d'adaptateur. Charles Viart avait construit, dans les dernières années du XV⁰ siècle, le pittoresque hôtel de ville d'Orléans, qui annonce la prochaine aurore de la Renaissance; le maître maçon berrichon Jacquet Gendre, de 1489 à 1491, celui de Bourges, dans le goût du gracieux palais de Jacques Cœur; Berthomé, celui de Niort, d'une allure si aimablement féodale avec ses deux tourelles d'angles couronnées de créneaux et de machicoulis. L'hôtel de ville de Dreux, commencé en 1512 par Pierre Carron, avait déjà reçu de Jehan de Moulins et de Clément Métezeau, sa physionomie caractéristique d'œuvre de période de transition. A Saint-Quentin, le chanoine Charles de Bovelles bâtissait, en 1509, le curieux édifice municipal, qui n'est pas sans analogie de dispositions architecturales avec la vieille Maison aux Piliers, mais où l'ingéniosité en matière de décoration du facétieux maître des œuvres devait multiplier les innovations les plus charmantes (1). Compiègne s'ennorgueillissait, depuis près d'un quart de siècle, de l'originale création de Pierre Nanyer de Meaulx et Jehan II Masse; et Noyon était fier de son hôtel de ville de style flamboyant, œuvre délicate du bon maître maçon Mathieu Réaulme. Et, combien, encore, d'autres hôtels de villes, ailleurs, à Vendôme, à Loches, à Amboise, à Saumur, à Beaugenay, etc., etc., auraient pu enseigner au « deviseur de plans » italien son métier d'architecte!

Avec une décision de conception et une fermeté d'exécution, qui prouvent l'indépendance de sa pensée, l'énergie de son tempérament, et la conscience qu'il a de son génie, Pierre I⁰ʳ Chambiges continue à l'Hôtel de Ville la création d'une architecture nouvelle, en la développant dans l'unité d'une œuvre originale et complète. Le rez-de-chaussée de la façade sur la place de Grève, et le portique de la cour, aux sveltes et robustes colonnes, ici d'ordre dorique, là d'ordre composite, supportant un entablement du plus fin relief, et encadrant des baies plein cintre lumineuses, dont l'archivolte élégante repose sur de légers pilastres, et dont les écoinçons sont occupés par des cercles et des médaillons très délicats, représentent

(1) Charles de Bovelles data son œuvre en ce rébus plaisant :

D'un mouton et de cinq chevaux	
Toutes les têtes prendrez..........	M.CCCCC
Et à icelles, sans nuls travaux	
La queue d'un veau joindrez.......	V
Et au bout ajouterez	
Tous les quatre pieds d'une chatte.	IIII
Rassemblez et vous apprendrez	
L'an de ma façon et ma date......	M.CCCCC V IIII = 1509

la première application méthodique, décisive, et en grand, des éléments des ordres
antiques, purs de tout mélange.

Le Boccador avait été incapable de donner, à la réédition des formules
de l'architecture ogivale adoptée pour son édifice, le moindre caractère d'originalité et de personnalité par la grâce, la fantaisie, et la hardiesse du décor,
comme le firent, en ce temps, les maîtres maçons à qui l'on demandait encore de
« l'art moderne », suivant la définition de J. A. du Cerceau.

La construction de Pierre Ier Chambiges, au contraire, sera toute fleurie
d'ornements du meilleur goût, d'une élégance discrète, se rattachant directement
aux œuvres décoratives, les plus typiques et les plus belles, de la première période
de la Renaissance française.

L'Hôtel de Ville de Paris ne pouvait être la création d'un « deviseur de plans »
étranger, d'un Boccador. Seul, un maître maçon-tailleur de pierre français était
capable de le concevoir, de le construire, de lui donner cette fierté d'allures, cette
noblesse de physionomie, cette harmonie de proportions, et cette unité de caractère,
qui en faisaient un des monuments de notre pays les plus beaux, les plus originaux, et les plus expressifs de leur destination et de leur histoire.

Aussi, il semble que, de tout cela, l'ancien palais municipal ait pris une
sorte de caractère de monument sacré, intangible, symbolisant matériellement,
pour ainsi dire, avec ses vieilles pierres glorieuses, la fière et éloquente devise de
la Ville de Paris: « Fluctuat nec mergitur ». Plusieurs fois au XVIIIe siècle, il fut
administrativement question de déplacer le siège de la municipalité parisienne,
d'aliéner, et même de démolir l'édifice vénérable de la Renaissance : Devant les
protestations unanimes et énergiques de la population, ces projets divers durent,
toujours et rapidement, être abandonnés. Sous la Révolution, après Thermidor,
on proposa à la Convention de raser le « Louvre du tyran Robespierre » ,
Léonard Bourdon répondit : « L'Hôtel de Ville appartient au Peuple de Paris » ; la
Convention repoussa la proposition. Napoléon Ier rêva, un jour, de transformer
l'Hôtel de Ville en un palais impérial colossal, à la hauteur de sa gloire, pensait-il;
les plans et les devis, dépassant vingt-cinq millions de francs, étaient à peine
terminés que l'Empire croulait devant l'Invasion. La Commune de Paris, dans le

délire des convulsions de sa fin tragique, en Mai 1871, détruit de fond en comble, par le feu, l'Hôtel de Ville ; le lendemain, le Conseil municipal, à peine reconstitué, décide de faire réédifier l'œuvre de Pierre Ier Chambiges ; de manière à ce que le palais nouveau, comme le premier, extension successive de l'antique Maison de la Marchandise de l'eau, et de la vieille Maison aux Piliers, construit sur le même emplacement, avec les mêmes dispositions, et dans la même orientation, continuât le symbole, glorieux et poétique, du vaisseau héraldique de la Ville de Paris, ancré sur la rive droite de la Seine, dans le sens de son cours éternel, de l'orient à l'occident, comme le soleil. Et, le 13 juillet 1882, sous les yeux du peuple parisien, enthousiasmé, ravi, et charmé à la fois, réapparut la merveille d'art du XVIe siècle, née du génie du vieux « maistre des œuvres de maçonnerie de la Ville de Paris », radieuse d'une jeunesse nouvelle, au milieu des vastes bâtiments modernes, qui semblent être son écrin de pierre.

Phot. des Monuments historiques.

Phototypie Berthaud.

CHATEAU DE SAINT-GERMAIN-EN-LAYE

1. Face ouest, avant la restauration. — 2. Cour, avant la restauration.

LE CHATEAU DE SAINT - GERMAIN - EN - LAYE

Encore un « deviseur de plans » italien!
Une révolution dans l'esthétique des châteaux.
Les innovations architecturales de Pierre Ier Chambiges.

Pendant longtemps, le château de Saint-Germain-en-Laye a été attribué à Serlio, un autre « deviseur de plans » italien. Félibien en créa la légende ; la plupart des historiens l'ont répétée. Or, cet édifice, d'une originalité particulière et d'une importance peu commune, est, à tous les points de vue, une œuvre essentiellement, exclusivement, française, dans laquelle l'Italie ne peut rien revendiquer, ni comme inspiration architecturale, ni comme procédé de construction, ni comme motifs d'ornementation. L'éminent architecte, M. Daumet, qui vient d'achever la restauration de l'édifice, a écrit à ce propos (1) : « Du Cerceau ne nomme point « l'architecte qui travailla sous les ordres de François Ier, mais on peut affirmer « que c'était un novateur, car il n'existe pas de type d'architecture analogue à « l'œuvre qu'il produisit; il suffit, pour s'en convaincre, de considérer l'aspect si « original de l'extérieur, la beauté des escaliers et des voûtes qui ont été conservées, « la majesté et l'ampleur de proportions de la salle des fêtes, dite de Mars, où se « tenaient les grandes assemblées royales et les fêtes rendues si brillantes par le « le luxe et l'élégance qui distinguaient la Cour des Valois ».

Dès l'année 1532, François Ier avait décidé de remplacer par un château neuf

(1) *Rapport au VIIe Congrès international des architectes, Londres. 16-21 juillet 1906 ; page 93.*

la vieille forteresse de Charles V, à demi ruinée à la suite de son occupation par les Anglais. Dans des lettres patentes, en date du 18 juin de cette année-là, il est fait mention d'une commission donnée aux sieurs d'Estampes et de Villeroy de faire les marchés pour le château de Saint-Germain-en-Laye, sous le contrôle de Pierre Paule, dit « l'Italian », et de Pierre des Hostels. Ces marchés furent-ils faits, à cette date, avec un maître maçon dont le nom nous est resté inconnu, à la suite de la disparition d'une partie des pièces d'archives concernant ce château? Ou le projet de reconstruction fut-il ajourné? Nous sommes, à cet égard, dans l'incertitude la plus complète.

Les « Comptes des Bâtiments du Roy » font connaître que, le 22 septembre 1539, Pierre Ier Chambiges signa des marchés, et qu'il commença immédiatement à travailler à Saint-Germain-en-Laye. A cette date, le maître maçon parisien était libre. Depuis deux ans, à la suite d'un ordre donné d'Hesdin, le 17 avril 1537, par François Ier, la construction de l'Hôtel de Ville de Paris était suspendue. Pierre Ier Chambiges, à Saint-Germain-en-Laye, était-il un simple entrepreneur exécutant des travaux de maçonnerie sur les plans d'un autre maître maçon? Cela est improbable, en raison de la situation professionnelle que lui avaient faite la construction de Chantilly et ses fonctions de maître des œuvres de la Ville de Paris, chargé de bâtir le nouvel Hôtel de Ville, en remplacement du Boccador. Pierre Ier Chambiges n'était-il pas, au contraire, comme Gilles le Breton, à Fontainebleau, par exemple, le vrai maître des œuvres, ayant donné les plans de l'édifice, dirigeant les travaux de construction, dont il avait pris l'entreprise, qu'après sa mort continuera son gendre Guillaume Guillain, associé avec Jehan Langeois? Cette hypothèse est beaucoup plus vraisemblable, et se justifie par une analogie évidente entre les deux cas. Les documents qui concernent Gilles le Breton, architecte de la majeure partie du château de Fontainebleau, pendant une période de 24 ans, ne sont pas plus explicites à son endroit, à ce propos, que les pièces de comptabilité qui se rapportent à Pierre Ier Chambiges pour la construction de Saint-Germain-en-Laye : il ne s'agit que de comptes d'entreprises, de devis, et de marchés. Or, personne, aujourd'hui, ne conteste à Gilles le Breton la qualité et le rôle d'architecte. Serlio, lui-même, son ennemi, a défini avec précision cette situation en le qualifiant, avec plus de dépit que de malice, le « maçon de Fontainebleau ». Il n'y a pas de raisons sérieuses qu'il en soit différemment pour les travaux de Saint-Germain-en-Laye que pour ceux de Fontainebleau.

A l'exception du Nouveau Louvre, tous les châteaux que faisait ou allait faire construire François Ier, sont soumis au même régime administratif. Madrid est ainsi construit par Pierre Gadier ; Villers-Cotterets par Jacques et Guillaume le Breton ; Chambord par Pierre Nepveu, dit Trinqueau, d'abord, par Guillaume Cocqueau, ensuite. Des analogies architecturales frappantes entre certaines parties des bâtiments du château de Saint-Germain-en-Laye et des constructions antérieures de Pierre Ier Chambiges confirment cette vraisemblance, et en font une sorte de certitude, au défaut des documents d'archives disparus.

Dans le préambule des lettres patentes datées de Fontainebleau, 24 décembre 1540, on trouve une sorte de programme de l'ensemble des travaux à exécuter à Saint-Germain en Laye : « Comme nous avons parcy devant advisé et ordonné « faire construire et édiffier en nostre châtel de Saint-Germain-en-Laye plusieurs « bastimens, ouvrages et édiffices 'et faire audit certaines méliorations et réparations « selon les advis qui par nous en ont esté et seront par nous faict, à ce que mieux et « plus honorablement nous puissions loger et séjourner quand il nous plaira... ».

Les plans et devis du château neuf de Saint-Germain-en-Laye sont donc de deux ans antérieurs à la venue en France de Sébastien Serlio, et à son entrée au service du roi, le 27 décembre 1541, d'après les lettres patentes qui lui furent délivrées à cette date. Les termes du marché passé entre les fonctionnaires du roi précités, Guillaume Guillain et Jehan Langeois, après la mort de Pierre Ier Chambiges, en 1544, sont formels sur la continuation et l'achèvement des travaux d'après les devis et marchés de 1539, signés par celui-ci. De 1539 à 1544, une grande partie des bâtiments fut construite, car, au mois de mai 1545, il était payé une somme de 18.368 livres et 17 sous (près de 80.000 francs), par l'ordonnance de Philbert Babou de la Bourdaizière et François de Neuville, à Guillaume le Peuple, « maistre des œuvres de charpenterye du roy » pour « les ouvrages de charpenterye par lui faicts de neuf audit Saint-Germain » ; et, à la date du 31 décembre 1546, la dépense totale pour les travaux de Saint-Germain, s'élevait à 134.023 livres, 9 sous et 6 deniers (près de 600.000 francs), somme qui représente le prix d'importantes constructions, mais non, assurément, celui de l'édifice tout entier. En outre, à la date du 29 janvier 1548, année où les travaux achevés furent reçus par Charles Baillard, « maistre maçon de monseigneur le Connétable (Anne de Montmorency) », Guillaume Challon et Jehan Chaponnet, « maistres maçons à

Paris », il est spécifié, dans leur certificat de réception, que ces travaux avaient été exécutés « bien et deument » par Guillaume Guillain et Jehan Langeois. Aucune intervention étrangère ne s'était donc produite qui aurait pu apporter une modification quelconque aux premiers plans et devis.

Dans « Les plus excellents bastiments de France », J. Androuet du Cerceau a écrit sur le château de Saint-Germain-en-Laye : « Ce bastiment est assis sur un « lieu assez haut eslevé, prochain de la rivière de Seine, à cinq lieues de Paris. « Ceste place a esté tenue par les Anglais durant leur séjour en France. Depuis « eux estant déchassez, elle demeura quelque temps sans entretien. Or, il est « advenu que le roy François Ier, trouvant ce lieu plaisant, feit abattre le vieil « bastiment, sans toucher néanmoins au fondement, sur lequel il feit dresser le « tout comme on le voit pour le jourd'hui, et sans rien changer dudit fondement, « ainsi que l'on peult cognoistre par la court d'une assez sauvage quadrature. Les « parements tant devant que dehors, et encoignures, sont de brique assez bien « accoustrée : et y estoit le dit sieur Roy en le bastissant si ententif, que l'on ne « peult presque dire qu'autre que luy en fust l'architecte. En aucuns corps de ce « logis il y a quatre estages. En celuy de l'entrée y en a deux, dont le deuzième est « une grande salle. Les derniers estages sont voultez : chose grandement à « considérer, à cause de la largeur des membres. Vray est qu'à chascun montant « y a une grosse barre de fer, traversant de l'un à l'autre, avec gros crampons par « dehors, tenans les dites voultes et murailles liées ensemble et fermes. Sur ces voultes « et par tout le dessus du circuit du bastiment est une terrasse de pierres de liais, qui « fait la couverture, lesquelles portans les unes sur les autres, et descendans de degré « en degré, commencent du milieu du hault de la voulte un peu en pente, jusques « à couvrir les murailles. Et est ceste terrace, à ce que je croy, la première de « l'Europe pour sa façon, et chose digne d'estre vue et considérée ».

A Saint-Germain-en-Laye, Pierre Ier Chambiges avait donc été chargé d'une mission architecturale qui rappelait beaucoup celle qu'il avait reçue d'Anne de Montmorency, à Chantilly : Il devait remplacer la vieille forteresse, — sauf le donjon, la chapelle, et les substructions, — par un château de plaisance; et il lui fallait réaliser, économiquement et rapidement, les désirs du roi, impatient de voir s'élever la résidence rêvée, vaste, commode, élégante, sans que sa construction coûtât beaucoup à ses finances obérées, car c'est le temps où l'on bâtit le Nouveau

Louvre, Chambord, Fontainebleau, et le château de Madrid au Bois de Boulogne.
Dans cette entreprise nouvelle, Pierre Chambiges prouvera, une fois de plus, la
fécondité de son imagination, son habileté technique, et l'aisance de son génie
à résoudre les problèmes d'architecture et de construction les plus difficiles.

Le vieux donjon carré, protégeant l'entrée du château, sera rajeuni par des
ouvertures nombreuses, y faisant pénétrer l'air, la lumière, et la gaieté. La chapelle
du temps de saint Louis recevra quelques « méliorations » et réparations, pour
être, à l'intérieur, mise au goût décoratif du jour. Le soubassement de la forteresse,
d'une si pittoresque physionomie avec ses énormes et sombres murs de pierres de
taille, d'une épaisseur de 4 à 5 mètres, plongeant dans les douves profondes,

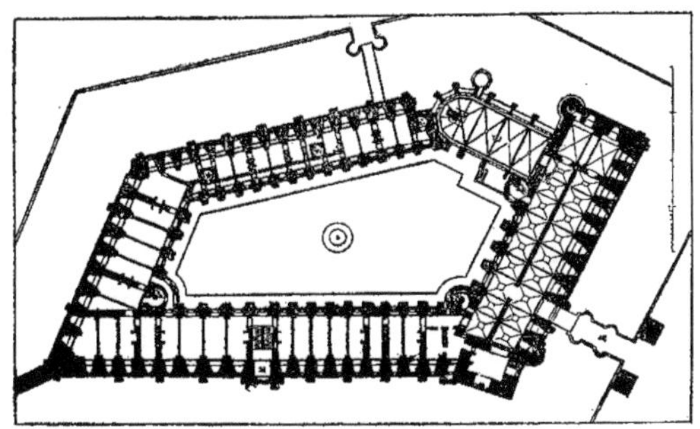

PLAN DU CHATEAU DE SAINT-GERMAIN-EN-LAYE
par J. A. du Cerceau.

et le chemin de ronde, couvert par un comble en appentis, et porté sur des
corbeaux formant machicoulis, seront soigneusement conservés pour servir
d'assises puissantes aux constructions nouvelles, afin d'en accentuer, par le contraste d'aspects, la grâce, la légèreté, et l'élégance. Il imaginera de sveltes tourelles
rondes, qui continueront, comme il l'a fait si habilement à l'Hôtel de Ville de
Paris, avec les tourelles à échauguettes de la façade, cette fantaisie charmante, bien
personnelle, et très originale, de l'alliance de motifs architecturaux anciens avec
des motifs nouveaux.

François Ier avait choisi Saint-Germain-en-Laye pour devenir une de ses résidences habituelles, à cause de la merveilleuse situation topographique de ce château.
De ce point de la colline, le regard embrasse, dans toutes les orientations, un

panorama immense, aux aspects les plus variés, et de grande beauté : Du côté du nord, les buttes boisées de la Hautie, de Cormeilles-en-Parisis, de Sannois, d'Orgemont, etc., et le val riant de l'Oise ; du côté de l'est, la vaste plaine de bois, de prairies et de champs où la Seine serpente ; du côté du sud, les coteaux verdoyants de Bougival et de Marly, en amphithéâtre ; et, du côté de l'ouest, la forêt vaste et ombreuse, liserée dans le lointain par les sinuosités du fleuve. Avec autant d'ingéniosité que de hardiesse, Pierre Ier Chambiges imagine de construire le nouvel édifice en façon de colossal belvédère, d'où le roi et la Cour pourront, constamment et à l'aise, admirer cette vision féerique, servant de cadre ou de fonds aux pittoresques spectacles des parades, des cortèges, des chasses, des curées, etc. C'est révolutionner l'esthétique des châteaux ; les transformer vraiment de tristes forteresses en habitations de plaisance. Alors, le maître maçon adopte résolument le parti pris, nouveau, d'une construction avec terrasse supérieure, bordée d'une balustrade ajourée, à décor de vases et de panneaux de terre cuite émaillée.

Le marché passé en 1548 par le gendre de Pierre Ier Chambiges, associé avec Jehan Langeois, nous fait connaître comment était faite cette terrasse : « De « grandes pierres de liaiz dé Notre-Dame-des-Champs lez Paris, qui seront les unes « de quatre piedz de long, les autres de trois piedz et demy de long et de deux « piedz et demy de large, le tout de quatre poulces d'époisseur ou environ, « taillées et portans enfoncemens en manière de noue, ainsi qu'il appartient, et « seront toutes icelles pierres assizes et maçonnéez a joinctz couvertz, et porteront « toutes les dictes pierres deux poulces de couverture l'une sur l'autre et seront « fueillées et enclavées de deux poulces l'une sur l'autre, comme dict est, sans « qu'il demeure aulcun joinct descouvert, et sera le tout maçonné à chaulx et « sable, excepté les dicts joinctz qui seront tous maçonnez et empliz de bon « cyment soubz les dictes couvertures, le tout bien et deument, ainsi qu'il appartient. »

Comme, sur tous les côtés, le château a ses horizons libres, et domine tous les alentours, Pierre Ier Chambiges répétera sur les quatre façades les mêmes dispositions architecturales, les mêmes lignes, les mêmes profils, dont l'élégance, la simplicité et la netteté suffiront pour charmer les yeux et pour éviter la monotonie : Un corps de bâtiment, ici à deux, là à trois et quatre étages, divisé en plusieurs travées d'une fenêtre à l'étage par de véritables contreforts décorés de pilastres doubles, et encadrés par de larges pavillons plus élevés, flanqués d'une tourelle d'angle fort élégante. Les fenêtres sont plein cintre à tous les étages ; mais, au premier, on les surmonte d'un large bandeau fortement mouluré et d'un fronton triangulaire, au tympan orné d'un cercle : reminiscence, en briques, de dispositions architecturales fréquentes sur la façade de l'Hôtel de Ville de Paris, et, avant cet édifice, analogues à celles du château de Chantilly.

Suivant l'expression pittoresque de J. Androuet du Cerceau, la cour du château est d'une « assez sauvage quadrature »; elle présente, en outre, une superficie relativement peu étendue, que la hauteur des bâtiments fait paraître encore plus étroite qu'elle ne l'est en réalité. Ce sont là des conditions peu favorables à l'élégance d'une construction. Elles viennent s'ajouter à celles qui proviennent de la question d'économie excluant tous les éléments de diversité et de richesse dans cette partie de l'édifice, où il était de tradition, jusqu'ici, de les multiplier. Est-il besoin de rappeler la magnificence du décor des cours des châteaux de Coucy, Pierrefonds, Blois, Nantes, Gaillon, etc. ? Vers ce temps, Pierre Lescot ne va-t-il pas commencer la merveilleuse cour du Louvre? Pierre Ier Chambiges saura se tirer habilement d'affaire, en poursuivant sur ce point la révolution architecturale qu'il a faite dans la construction des façades extérieures, et, cela, avec une franchise qui montre bien son dessein formel et décisif d'innover hardiment. Au lieu d'une cour d'honneur, centralisant tout le mouvement interne de luxe et de parade du château, il crée une cour de communication entre les diverses parties, de l'édifice. Alors, les façades luxueuses deviennent inutiles; les corps de bâtiments, avec leurs contreforts ou éperons de pierres de taille, reliés entre eux, au premier et deuxième étages, par de robustes berceaux de briques, entre chaque contrefort, et formant une galerie de pourtour, apparaissent comme une sorte de revers des façades extérieures.

Cette conception, originale et charmante autant qu'ingénieuse et pratique (1), d'un château de plaisance devait plaire au roi, qui la fit sienne, — comme il est dit dans les lettres patentes de 1540, et comme le rapporte J. Androuet du Cer-

---

(1) L'originalité, d'un caractère essentiellement français de l'œuvre de Pierre Ier Chambiges a toujours frappé particulièrement ceux qui ont écrit sur le château de Saint-Germain-en-Laye. Dans sa Monographie des Palais et Châteaux de France, Claude Sauvageot, qui ignorait pourtant le nom et la nationalité de ce maître des œuvres, s'est préoccupé particulièrement de mettre en relief cette originalité:

« Toutes les idées que l'on avait pu se faire à l'avance d'un château du commencement du xvie siècle, « dit-il, se trouvent bouleversées en un clin d'œil. Plus de ces délicates et gracieuses décorations particu- « lières aux bords de la Loire ; point de ces fines broderies si nombreuses dans la Renaissance bour- « guignonne et champenoise ; quant au pittoresque des édifices normands de cette époque, il ne s'y « rencontre pas davantage : mais, il faut le dire, toutes ces qualités absentes sont remplacées, en manière

ceau ; — et il résolut d'en faire poursuivre hâtivement l'exécution, ce qui explique, — malgré les retards apportés par Guillaume Guillain et Jehan Langeois qui leur valurent des réprimandes et des amendes, — la rapidité relative de la construction de Saint-Germain-en-Laye, — neuf ans, — comparativement à celle du château de Fontainebleau, inachevée à la mort de François Ier, après dix-neuf ans de travaux ininterrompus.

Pierre Ier Chambiges résoudra aussi habilement le fort difficile problème financier. Les dimensions considérables de l'édifice à construire imposaient l'emploi de matériaux peu coûteux et la suppression de toute ornementation sculpturale qui entraînerait à de grands frais. Le maître maçon bâtira en moellons et en briques, proportionnés par étages suivant la charge à supporter. La pierre ainsi que la terre cuite émaillée seront réservées pour des combinai· sons décoratives économiques, variant à chaque étage —, encadrements des baies, balustrades, corniches, frontons de croisées, gargouilles, médaillons, et vases de faitage —, en vue de donner aux corps de bâtiment l'agrément de la polychromie. Ce parti pris énergique de sobriété répondra en même temps à une question d'esthétique. Le développement et la multiplicité des façades extérieures, leur situation élevée au-dessus du soubassement de la vieille forteresse, et derrière un large fossé, ne permettaient point à Pierre Ier Chambiges de renouveler ce qu'il avait créé avec tant de succès à Chantilly et à l'Hôtel de Ville de Paris, : une œuvre de fantaisie, d'originalité, et d'élégance par la pureté et la délicatesse des profils d'architecture, par la grâce et le fini des ornements, placés à portée des yeux et de la main. L'art des sacrifices est une des qualités primordiales de l'architecte de génie.

Les partisans de la légende du château de Saint-Germain-en-Laye, œuvre d'un « deviseur de plans » italien, basent principalement leur opinion sur le remplacement, dans cet édifice, du grand comble incliné traditionnel par la couverture en terrasse, qui serait, selon eux, une importation ultramontaine. En construisant cette terrasse, sous l'inspiration originale que je viens d'analyser, Pierre Ier Chambiges avait appliqué, et renouvelé, avec ingéniosité, un procédé technique

« de compensation, par d'autres qualités que l'on chercherait en vain dans les pays que nous venons de
« nommer. On est obligé de reconnaître à Saint-Germain une grande unité d'ensemble, et, chose remar-
« quable, l'échelle générale y est certainement plus grande que l'échelle adoptée pour les édifices contem-
« porains. De là ressort incontestablement un aspect magistral et puissant, exprimant bien la demeure
« d'un souverain à la fois guerrier et homme de goût. »

CHATEAU DE SAINT-GERMAIN-EN-LAYE

1. Façade nord, après la restauration. — 2. Façade sud, après la restauration.

employé en France, depuis longtemps, pour les édifices religieux. Mais son innovation se rattachait si peu, au point de vue technique, à l'architecture italienne, qu'Androuet du Cerceau, qui avait étudié les œuvres architecturales d'Italie les plus fameuses et les plus typiques, signale la terrasse du château de Saint-Germain « comme la première d'Europe pour sa façon », et la qualifie « chose digne d'estre veue et considérée ». On a voulu aussi présenter, en faveur de la légende, certaines particularités de la construction du château. Au risque de faire douter de son expérience et de sa hardiesse, Pierre Ier Chambiges n'avait pas hésité, afin d'assurer la solidité de l'édifice et de prévenir tout accident, même lointain, à faire usage de tirants de fer à la naissance des voûtes. Au XVIIe siècle, Androuet du Cerceau se contentait, non sans malice, il est vrai, de signaler cette particularité; au XIXe siècle, on devait en conclure à « une certaine « ignorance de notre art national », par ce qu'à « cette époque (la Renaissance) on « savait à merveille construire de grandes voûtes à une grande hauteur, sans le « secours de ferrailles » (1). Or, le fils de Martin Chambiges, qui avait fait son apprentissage et était parvenu à la maîtrise sous les ordres du maître maçon-tailleur de pierre des transepts et des façades latérales des cathédrales de Sens, de Troyes, de Beauvais, et de Senlis, était parfaitement capable de bâtir une voûte sans tirants de fer, même de la hauteur de tous les étages du château de Saint-Germain-en-Laye. S'il ne l'a pas fait, dans le cas présent, c'est qu'il ne l'a pas voulu, pour des raisons de conscience professionnelle qui sont tout à son honneur. Pierre Ier Chambiges sut même faire d'une difficulté technique un moyen de donner à l'édifice plus de fantaisie et plus d'originalité : ce qui est le propre d'un bon architecte. Pour contrebuter les voûtes, il renforça les murs, entre chaque travée, par des contreforts en moellons et briques. Sur les façades de la cour, il fit également ces contreforts saillants; et, ainsi, il produisit l'ordonnance si pittoresque de cette cour. Sur les grandes façades, il les noya dans la masse avec le simple ressaut, à l'extérieur, des pilastres qui constituent, à la fois, de cette façon, une résistance et un ornement. L'immense et importante salle des fêtes, dite de Mars, voûtée en tiers point, que contient le rez-de-chaussée de la façade méridionale, défend suffisamment, d'ailleurs, son auteur contre toute accusation d'incapacité dans la construction des voûtes à grande portée.

(1) Eugène Millet : *Rapport au ministre d'Etat sur la restauration du château de Saint-Germain-en-Laye*, 1862.

Le château de Saint-Germain-en-Laye présente d'autres exemples d'innovations ingénieuses et de particularités remarquables pour le temps où elles se produisirent. On y admire fort, encore aujourd'hui, pour sa perfection technique, pour ses belles dispositions, et ses proportions harmonieuses, pour son élégance dans sa simplicité, l'escalier d'honneur, à double rampe séparée par un mur d'échiffre, qui se développe au centre et dans toute la profondeur du corps de bâtiment sur la façade nord-ouest. Or, cet escalier, l'un des premiers de ce genre qui aient été construits en France, rappelle beaucoup, — à en paraître une copie, — celui qui existait autrefois à l'Hôtel-de-Ville de Paris, dans le corps de bâtiment sur la rue du Martroy, à droite de la cour d'honneur. Ce dernier escalier était l'œuvre de Pierre Ier Chambiges, qui, au grand château de Chantilly, en avait déjà fait un pareil, dans de moindres proportions, lequel, à l'opinion autorisée de Jehan Grolier, était « beau et de toute autre façon « de maçonnerie que l'on avait vu jusque là ». Pierre Lescot empruntera au maître maçon cet escalier pour la façade Henri II du Louvre ; Jacques et Guillaume le Breton le copieront à Villers-Cotterets.

L'œuvre de Pierre Ier Chambiges subsista, pendant plus de cent ans, dans son intégrité, sans subir de modifications notables. Les gravures d'Androuet du Cerceau nous en ont conservé la physionomie et les dispositions originelles. En 1674, Hardouin Mansart reçut de Louis XIV l'ordre de construire aux angles cinq pavillons, destinés à augmenter le nombre des appartements; mais, peu de temps après, le roi se décidait à faire de Versailles sa résidence habituelle, et abandonna Saint-Germain-en-Laye réduit, pour la Cour, au rôle de simple rendez-vous de chasse. Il est vraisemblable que cet architecte se désintéressa, alors, presque complètement de ces travaux; et qu'il en laissa la direction aux entrepreneurs, avec la liberté de modifier les plans à leur gré et suivant les réductions de crédit qu'amena la résolution de Louis XIV de faire hâter l'achèvement de Versailles.

Les constructions nouvelles, rompant l'harmonie et le développement des façades extérieures, supprimant les pittoresques tourelles d'angle à encorbellements, transformant le chemin de ronde en une terrasse qui ceinture le château tout entier, dénaturèrent complètement le caractère architectural de l'édifice de la Renaissance, qui en devint un amas de bâtiments lourds, massifs, incohérents,

incommodes, et malsains. Aussi, lorsqu'en 1862 le Gouvernement impérial décida
d'y installer un musée des Antiquités nationales, la Commission des monuments
historiques, appelée à délibérer sur les projets de restauration du château à demi
ruiné par ses transformations successives en ateliers, en prison, en dépôt de
mendicité, etc., fut, à l'exception d'un seul de ses membres, unanime à prescrire
la suppression des pavillons d'Hardouin Mansart, et la restitution de l'œuvre du
maître maçon du XVIe siècle (1). Viollet-le-Duc, qui prit une part prépondérante
aux débats et fut nommé rapporteur de la question, motivait ainsi son avis, d'après
le procès-verbal des séances de la commission : « Il regarde comme très fâcheuses
« les annexions faites au château sous le règne de Louis XIV. Suivant lui,
« ces pavillons sont d'une mauvaise architecture; se trouvant en saillie ils
« masquent, par l'effet de la perspective, la partie la plus intéressante du château;
« ils tiennent dans l'ombre des façades et rendent complétement obscures les
« pièces situées aux extrémités. Par la démolition des pavillons, l'architecture de
« François Ier reprendra sa véritable importance, et l'on dégagerait l'une des plus
« jolies chapelles qui se puissent voir, car, si ce n'étaient les constructions qui l'en-
« tourent de toutes parts et qui l'empêchent d'être aperçue, elle exciterait non
« moins d'admiration que la Sainte-Chapelle de Paris. M. Viollet-le-Duc pense
« que le véritable château de Saint-Germain n'est pas celui qui existe, mais bien
« celui qui existait sous François Ier. A cette époque, le monument était complet ;
« il est resté tel pendant un siècle et demi ; et les pavillons ajoutés n'ont servi qu'à
« le rendre inhabitable. Les considérations qui ont fait respecter à Fontainebleau
« toutes les parties du château, quelle que soit l'époque à laquelle elles appartien-
« nent, ne pourraient être invoquées en cette circonstance ; car autre chose est une
« construction qui se transformant et s'augmentant successivement garde, dans
« chaque partie, le caractère propre d'une époque, ou une construction qui est le
« fait d'une seule conception et que des adjonctions maladroites sont venues défi-
« gurer ». Beulé, qui faisait partie de la commission, traita la question au point de
vue de l'archéologie. « Autant il serait d'avis de respecter un monument authen-
« tique de Louis XIV, déclare-t-il, autant il est prêt à condamner ce qui n'est
« qu'une contrefaçon d'un style d'architecture. Là où des additions fâcheuses sont

(1) La commission était composée de : MM. de Saulcy, de Guilhermy, Beulé, Bœswilwald, Courmont,
de Laborde, Duban, Labrouste, de Longpérier, de Niewkerke, Questel, du Sommerard, Vaudoyer,
Viollet-le-Duc, Marchand, et de Cardailhac.

« venues altérer la pureté de style d'un édifice, l'archéologie ne peut intervenir
« contre le rétablissement de l'état primitif. Il croit donc être l'interprète des
« archéologues en demandant la restauration du château suivant les dispositions
« qui datent de François Iᵉʳ ».

Le Gouvernement impérial confia la restauration du château de Saint-Germain-en-Laye à Eugène Millet, dont les plans avaient été approuvés par la Commission des monuments historiques, à la suite du rapport de Viollet-le-Duc, concluant ainsi : « L'architecte s'est conformé de tous points aux ensembles donnés « par les gravures anciennes représentant le château de Saint-Germain-en-Laye « avant les adjonctions de Louis XIV ». A la mort d'Eugène Millet, Laffolye lui succéda dans la direction des travaux. Depuis 1896, M. Daumet, membre de l'Institut, a été chargé de poursuivre la restauration ; il vient de la terminer avec le sentiment le plus respectueux de la pensée artistique du maître des œuvres de la Renaissance.

AU CHATEAU DE FONTAINEBLEAU

Une autre légende détruite.
« Sebastianet » Serlio et les maîtres maçons.
Chantilly et Fontainebleau.

La légende créée par Félibien, et rééditée par la plupart des historiens, même modernes, d'après laquelle le château de Fontainebleau aurait été construit en grande partie, sur les plans et sous la direction de Sébastien Serlio, — « Sébastianet », comme il est dit familièrement dans des lettres patentes —, est aujourd'hui définitivement détruite. Les « Comptes des Bastiments du Roy », découverts par le comte de Laborde, ont fourni les éléments, nombreux et décisifs, de la démonstration irréfutable de sa fausseté. Les contructions diverses qu'on attribuait à Serlio, — notamment la Cour du Cheval blanc, la Cour ovale, le Péristyle, la Chapelle Saint-Saturnin, la Porte dorée, et la Salle de bal, — ou sont antérieures à son arrivée en France, ou sont postérieures de plusieurs années à sa mort. Pour les autres constructions, coïncidant avec son séjour à Fontainebleau, particulièrement la Galerie de François Ier, ce « deviseur de plans » a fait lui-même l'aveu, plein de dépit, qu'il y était resté étranger : « Mais moi, dit-il, dans son ouvrage « Tutte l'opere d'archittetura » (1), qui « étais pourtans là et y résidais continuellement, pensionné par le magnanime « roi François, il ne me fut même pas demandé le plus petit conseil. C'est « pourquoi j'ai résolu de projeter la loge que j'aurais construite, si l'on m'eût

(1) Libro settimo, cap. 40.

« confié une telle entreprise, et ce, pour faire connaître aux âges futurs la
« différence de l'une à l'autre, dans le cas où l'on serait à même de les comparer.
« Mais, quant au plan déjà exécuté, je n'y suis absolument pour rien. »

Vaudoyer et Lenoir écrivaient, pourtant, en 1840, avant la découverte des
« Comptes des Bastiments du Roy, » avec une intuition admirable de la vérité
historique : « Le style de l'architecture de la Porte dorée est celui qu'on remarque
« dans tous les bâtiments de la Cour ovale, sans en excepter même le petit
« portique ou loge à deux étages donnant entrée aux appartements du roi, et
« qu'on a, bien à tort, selon nous, voulu attribuer à Serlio. Nous n'hésitons
« donc pas à affirmer que toutes ces constructions ont été faites par les mêmes
« artistes, c'est-à-dire par des Français (1). »

Mais, à cette époque, la légende italienne était trop répandue, trop vivace,
pour que cette affirmation, si nette, ait trouvé de l'écho, ou provoqué un
mouvement d'opinion favorable à la première revendication en faveur de
l'Art français.

Les architectes de Fontainebleau, depuis le commencement des travaux
jusqu'à leur achèvement complet, sont des maîtres maçons français : Gilles le
Breton, Pierre Iᵉʳ Chambiges, Pierre Girard, dit Castoret, Anthoine de Grenoble,
Philibert de l'Orme, Jehan de l'Orme, son frère, et Guillaume Challoy.

La participation de Pierre Iᵉʳ Chambiges à la construction du château de
Fontainebleau est attestée par le passage suivant des « Comptes des Bastiments
du Roy » : « A Pierre Chambiges, maistre maçon, pour les ouvrages de
« maçonnerye par luy faicts et qu'il continue à faire aux dictz batiments et
« édifices de Fontainebleau et Saint-Germain-en-Laye, par l'ordonnance de
« messieurs Nicolas de Neufville, seigneur de Villeroy, et Philbert Babou,
« seigneur de la Bourdaizière, donné soulz leurs signets, le dernier apvril
« 1540. Somme toute des ouvrages de maçonnerye : 70,174 livres, 8 S. 2 d.
« (près de 300,000 francs). »

Cette somme considérable s'applique surtout à des travaux exécutés au
château de Fontainebleau, car, d'après le marché conclu entre les commissaires
du roi et Pierre Iᵉʳ Chambiges pour les travaux du château de Saint-Germain-

---

(1) *Magasin pittoresque*, tome XI, page 52.

en-Laye, à la date du 22 septembre 1539, il n'était, en avril 1540, chargé de la construction de ce dernier château que depuis moins de sept mois : il n'avait donc pas eu le temps d'y faire travailler beaucoup ; cette somme de 70,174 livres ne peut être que le payement, sans aucun doute fragmentaire, de constructions très importantes à Fontainebleau.

Quelles sont ces constructions? Depuis plusieurs années, les discussions ont abondé sur cette question historique, qui n'a pas encore reçu, et très probablement ne recevra pas de longtemps, une solution définitive. L'œuvre de Pierre Ier Cham-

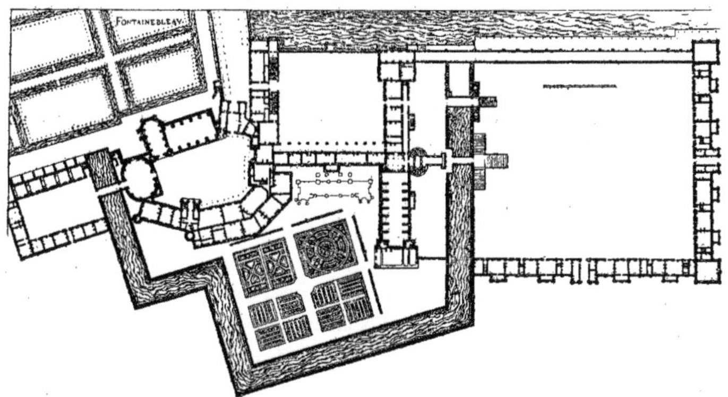

PLAN DU CHATEAU DE FONTAINEBLEAU
par J. A. du Cerceau
La première cour à gauche, dans ce plan, est la Cour des Offices ; la deuxième, la Cour ovale ; la troisième,
la Cour de la Fontaine ; et la quatrième, la Cour du Cheval blanc.

biges à Fontainebleau devait avoir le caractère de nouveauté et d'originalité, extraordinaire et imprévu, de son œuvre de Saint-Germain-en-Laye. Aussi, à défaut de renseignements précis fournis par les « Comptes des Bâtiments du Roy », ne peut-on qu'hasarder des hypothèses basées sur des analogies de dispositions architecturales et de modes de construction.

Pour la Cour du Cheval blanc, qui lui semble le plus se rapprocher de certaines parties des châteaux de Saint-Germain, Challuau et la Muette, Léon Palustre a tenté cette étude, dans la « Renaissance en France » (1): « Tout se tient, dit-il, dans

____
(1) *La Renaissance en France*, 5e livraison, page 175.

« le développement inattendu donné par François Ier à cette partie du château,
« après son arrangement avec les Trinitaires, et la même main fut chargée d'élever
« trois corps de bâtiments autour de l'immense espace réservé désormais aux
« joutes et aux tournois. S'il n'en reste plus qu'un seul, nous avons les gravures
« d'Androuet du Cerceau qui ne laissent aucun doute à ce sujet. Partout la brique
« sert de décoration, tandis que les massifs sont en maçonnerie, revêtue d'un
« enduit. Or, cette singulière interversion dans l'emploi rationnel des matériaux
« est un des traits caractéristiques des différents châteaux construits par Pierre
« Chambiges ». Émile Molinier, le dernier historien de Fontainebleau, partage
l'opinion de Palustre sur cette particularité des constructions anciennes de la Cour
du Cheval blanc, et déclare qu'en effet « il y a là un parti pris fort original dont cer-
« tainement on aurait tort de ne pas tenir compte pour l'attribution de cette œuvre à
« un architecte quelconque. » Je faisais remarquer plus haut qu'il n'était jamais
venu à l'idée de personne de confronter les vues qu'Androuet du Cerceau a publiées,
dans les « Plus excellents bastiments de France », de la Cour du Cheval blanc de
Fontainebleau et de la Cour des Offices de Chantilly. L'omission de cette opération, toute logique, s'explique par l'ignorance où l'on était, jusqu'à ces derniers
temps, du nom de l'architecte de Chantilly. Or, au premier coup d'œil sur ces
deux vues, l'analogie des dispositions architecturales dans les constructions ici et
là est évidente, incontestable : corps de bâtiment à simple rez-de-chaussée percé
de nombreuses fenêtres et portes alternant ; étage de galetas éclairé par de hautes
lucarnes oblongues en aplomb sur les portes ; et grand comble d'où s'élancent
de nombreuses cheminées, formant autant de motifs d'ornementation et d'éléments
de silhouette pittoresque.

A quelle époque Pierre Ier Chambiges aurait-il construit les corps de bâtiments de la Cour du Cheval blanc, qui peuvent lui être attribués? La période de
temps entre l'achèvement de Chantilly et l'entrée au service de la Ville de Paris du
maître maçon, — 1530-1534, — semble correspondre avec précision à la période
de temps fixée comme date probable de leur construction. « Les Comptes des Bastiments du Roy » font mention d'un devis, en date de 1528, pour la construction
d'un « corps d'hostel entre la basse-cour de la dicte abbaye et les prés » ; ce corps
d'hôtel serait la galerie à contreforts, fermant la Cour du Cheval blanc du côté de
l'est, qui se voit au bas de la gravure d'Androuet du Cerceau. Mais, quelque
temps après, François Ier obtenait des Trinitaires la vente des terrains de la

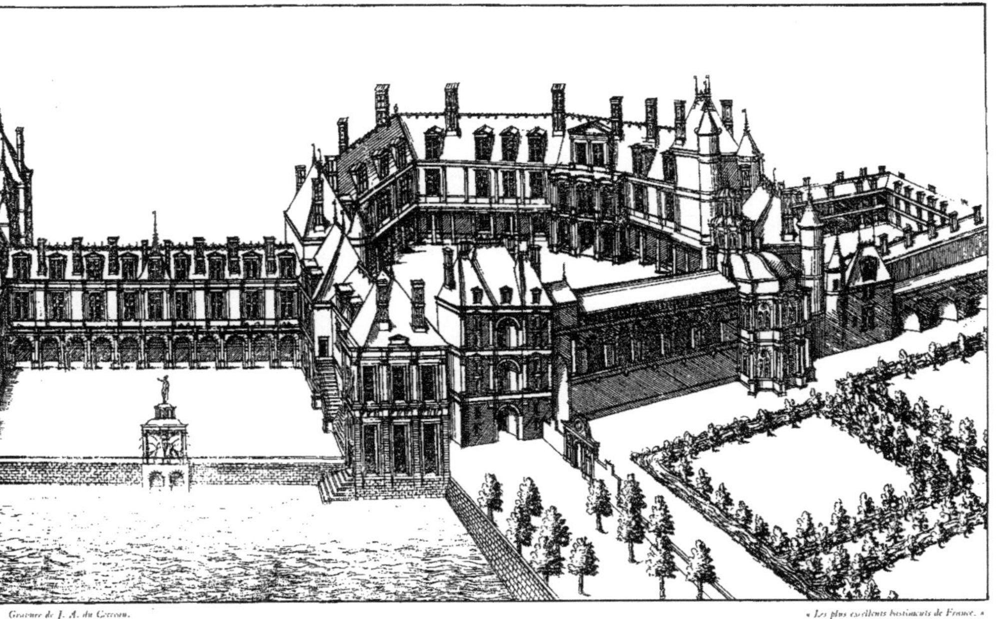

CHATEAU DE FONTAINEBLEAU

Cour Ovale.

Basse-cour, sur lesquels il voulait faire établir pour les joutes et tournois, une vaste enceinte fermée qui sera la Cour du Cheval blanc. « Les Comptes des Bastiments du Roy » contiennent un autre devis, daté de 1534, qui a pour objet de modifier les dispositions architecturales de ce corps d'hôtel : la transformation du galetas en terrasse, et le renforcement des murs par des contreforts pour leur permettre de supporter cette terrasse. Il est probable que ces travaux correspondaient à l'achèvement des corps d'hôtel sur les autres faces de la cour.

Quant au Péristyle, tout d'abord attribué à Sébastien Serlio, sans ombre de preuves à l'appui, puis, d'une façon en apparence plus plausible, à Gilles le Breton, ne pourrait-il être revendiqué pour Pierre Ier Chambiges? Ce sont précisément les arguments invoqués par l'avocat du « maçon de Fontainebleau », Léon Palustre, qui semblent justifier cette présomption : « Dans les expéditions de la fin « du XVe siècle, écrit-il, les compagnons de Charles VIII et de Louis XII avaient « pu remarquer, au Vatican, le portique à triple étage récemment destiné aux « bénédictions pontificales, et nul doute que, de retour en France, ils n'aient eu « l'idée, lorsque leurs demeures comportaient cet apparat, de modifier en ce sens « les anciennes voûtes en arcs ogives, avec terrasse au-dessus, qui abritaient « parfois le perron seigneurial. C'est ainsi qu'à Chantilly le baron Guillaume de « Montmorency avait saisi l'occasion d'un remaniement complet de son château « pour entrer dans la voie indiquée. Et, à ce propos, serait-il téméraire de « supposer que l'exemple donné par le père du grand connétable ait été pour « quelque chose dans le « rechangement » commandé par François Ier? Si l'on « considère le petit avant corps en forme de loge dont les gravures de du Cerceau « perpétuent seules le souvenir, on est justement tenté de lui assigner pour date « la courte période écoulée entre le devis de 1528 et celui de 1531. Gilles le Bre- « ton n'a donc fait que répondre victorieusement à une sorte de provocation, et du « même coup nous sommes édifié sur une série de points qu'il était important « d'approfondir » (1). En un autre chapitre de son ouvrage, Léon Palustre renouvelle ses observations sur l'analogie entre le perron de Chantilly et le Péristyle de Fontainebleau : (2)

« Androuet du Cerceau, dit-il, donne : 1° l'élévation du bâtiment, c'est-à-dire

(1) *La Renaissance en France*, 5· livraison, page 198.
(2) *La Renaissance en France*, 5· livraison, page 57, en note.

« une vue extérieure du château prise du côté du parc ; 2° une vue intérieure de la
« cour qui laisse apercevoir la chapelle à droite, et dans le fond un portique à
« deux étages, en avant corps, quelque peu semblable au célèbre Péristyle de
« Fontainebleau ».

Au moment où il écrivait ces lignes, Léon Palustre ignorait et le nom
de l'architecte et la date de la construction du grand château de Chantilly.
S'il les eût connus, ses observations l'auraient logiquement conduit à penser
que Pierre Ier Chambiges, auteur du perron de ce château, pouvait bien aussi
avoir construit le Péristyle de Fontainebleau, dont la ressemblance avec le
perron de Chantilly l'a si vivement frappé.

La coïncidence chronologique des deux constructions, d'après l'intuition
de cet historien, — de 1528 à 1531 —, n'est pas moins saisissante. En octobre 1530,
le perron de Chantilly était achevé. A cette date, Jehan Grolier écrivait à Anne de
Montmorency : « Monseigneur, il se fait une très grande dilligence aux ouvrages
« du dit Chantilly, et j'espère que vous trouverez la gallerie couverte et partie
« des lucarnes montées, aussi le perron pour monter à l'escallier, lequel, à
« mon advis, vous trouverez beau et tout d'autre façon de maçonnerie que vous
« n'avez veu jusques icy. » Les nombreux personnages tenant à la Cour de
Francois Ier qui avaient visité Chantilly, — et notamment le secrétaire des
finances Villeroy, dont le nom figure dans l'extrait des comptes relatif au
payement fait à Pierre Ier Chambiges pour travaux exécutés à Fontainebleau et à
Saint-Germain-en-Laye, et qui adressait, le 23 avril 1530, à Anne de Montmorency, une lettre où il est précisément question du perron, — ne manquèrent
pas de parler au Roy de cette merveille architecturale. Sans aucun doute,
Jehan Grolier lui-même, qui suivait la Cour, s'était empressé, aussi, d'en vanter les
mérites artistiques. François Ier aurait désiré immédiatement voir appliquée dans son
cher Fontainebleau cette ingénieuse et originale invention. Il est à faire remarquer
que le Péristyle avait été construit en vue de la même destination que remplissait le
perron de Chantilly : servir de vestibule à un grand escalier à double révolution.

Dans le devis des travaux de constructions qui accompagne le marché
conclu par Gilles le Breton, en 1528, il est question d'un péristyle ; mais la
description de ce péristyle, que contient le devis, ne répond point aux dispositions de l'édicule définitif qui fut bâti plusieurs années après, et dont les

analogies avec le perron de Chantilly ont frappé si fortement l'imagination de Léon Palustre, et lui ont inspiré les réflexions qu'on vient de lire. Malheureusement, les « Comptes des Bastiments du Roy » ne nous font point connaître les marchés et devis de Pierre Ier Chambiges dont il est fait mention dans l'extrait des pièces de l'année 1540 ; ils sont perdus. Il convient de faire remarquer qu'il y a la plus grande analogie de dispositions architecturales et ornementales entre le Péristyle et le chevet de la chapelle Saint-Saturnin, qui lui fait vis-à-vis. Dans les deux constructions, les pilastres carrés du rez-de-chaussée sont de tous points semblables, et appartiennent évidemment au même temps ; les mêmes tailleurs de pierre les ont exécutés (1). Or, les travaux de transformation, par Gilles le Breton, de l'ancienne église de la Trinité, achetée en 1539, ne commencèrent qu'en 1540. Le Péristyle, dont la décoration a servi de type à celle de l'abside de la chapelle, était donc déjà construit à ce moment-là. N'aurait-il point fait partie des travaux payés à Pierre Ier Chambiges à la date du mois d'avril 1540, après le délai de plusieurs années qui était habituel aux trésoriers du roi ? Cela paraît très vraisemblable.

Ainsi, se trouverait comblée cette lacune qui existait, dans la biographie de Pierre Ier Chambiges, de la fin de la construction de Chantilly à l'apparition de son nom dans les « Registres des délibérations de la Ville de Paris ». A la date du 15 juin 1534, il était occupé au château de Fontainebleau. Sa nomination aux fonctions de « maistre des œuvres de maçonnerie de la Ville de Paris », sa substitution au Boccador dans la direction des chantiers du palais municipal, et la commande du plan d'un nouvel Hôtel de Ville de style Renaissance en remplacement de l'édifice ogival du mauvais architecte italien, trouvent leur explication naturelle beaucoup moins encore dans la réputation que lui valut son œuvre de Chantilly, que dans la faveur de François Ier, gagnée par les travaux de la Cour du Cheval blanc et de la Cour ovale. Certainement, le roi, qui se connaissait en architecture, partagea l'opinion sévère du Bureau de la Ville sur la création du « deviseur de plans », et n'hésita pas à recommander au Prévôt des marchands et aux Échevins son « maçon » de Fontainebleau.

(1) DANIEL RAMÉE, *Histoire de l'architecture*, Renaissance, page 230 : « Ce qui reste encore de primitif « de cette chapelle a une ressemblance décisive avec le portail vis-à-vis de notre chapelle, de l'autre « côté de la Cour ovale. »

Quoi qu'il en soit, comme l'a fait observer spirituellement Léon Palustre, en fin de toutes ses hypothèses historiques, — remarque à laquelle se sont rangés tous ceux qui ont étudié, après lui, les origines architecturales du château de Fontainebleau, — il faut bien que Pierre Ier Chambiges y ait fait quelque chose pour avoir touché une somme aussi importante que celle qui figure dans les « Comptes des Bastiments du Roy ».

Souhaitons que la découverte de la partie des Comptes qui a disparu vienne, un jour, dissiper les obscurités de ces origines; et permette de restituer définitivement, et en toute certitude, à notre maître maçon parisien, la part de gloire qui lui revient dans cette vaste et superbe création du génie français, à la Renaissance: le château de Fontainebleau.

LA MUETTE ET CHALLUAU

Une œuvre présumée de Pierre Ier Chambiges :
Les portes de la façade méridionale de la cathédrale
de Beauvais.

Pierre Ier Chambiges construisit également pour François Ier le château de la Muette de la garenne de Glandaz, dans la forêt de Saint-Germain-en-Laye, destiné à servir de rendez-vous de chasse. Les « Comptes des Bâtiments du Roy » contiennent plusieurs documents relatifs à la construction de ce château dans lesquels le nom de ce maître maçon est plusieurs fois mentionné, comme il l'est dans les documents concernant Saint-Germain-en-Laye : le devis des travaux, le marché d'entreprise, et divers états de payement, de l'année 1541 à l'année 1550. Dans le devis, il est constamment stipulé que les travaux seront exécutés suivant ce qui a été fait pour la construction du château de Saint-Germain-en-Laye. Il y est dit notamment que « l'étage du galtas sera « voulté et couvert en terrasse de telles façon et ordonnances que les voultes « et terrasses du bastiment neuf du château dudit Saint-Germain-en-Laye ; que « toutes les croisées et retombées de fenestres, arquitraves, corniches, petits « contrepilliers et arceaux, le tout de moillon, chaux, sable et brique, et de « telles matières, façons et ordonnances que sont les ouvrages desdits édiffices « neufs de Saint-Germain-en-Laye et faire toutes les huisseries de pierre de « taille de la maçonnerie des carrières ».

Après la mort de Pierre Ier Chambiges, le 15 juillet 1544, son gendre,

Guillaume Guillain, et le maître maçon Jehan Langeois faisaient marché par devant notaires pour la continuation des travaux de construction, aux conditions du marché ci-dessus, comme il l'avait fait pour Saint-Germain-en-Laye, dans les mêmes circonstances et conditions. Ces travaux furent poussés avec une grande activité; au mois de janvier 1548, Charles Baillard, Chapponnet, Challon, et Pierre Des Hotels, les vérificateurs habituels, font réception des bâtiments achevés, moins « les réduits, crespis et ragréments qui restent à faire ».

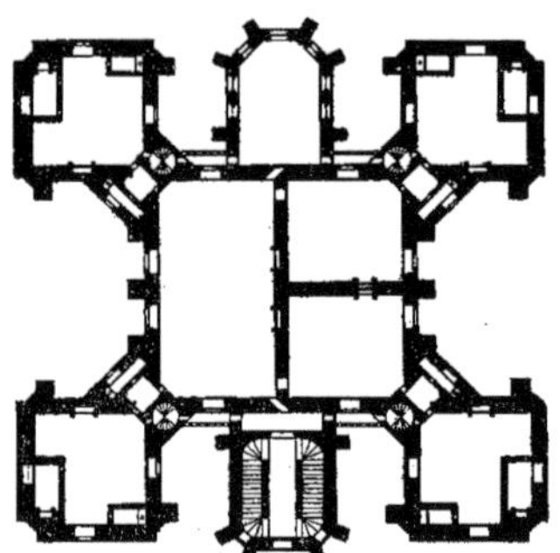

PLAN DU CHATEAU DE LA MUETTE
Par J. A. du Cerceau

J. A. Du Cerceau, a compris le château de la Muette dans « Les plus excellents bastiments de France ». Le dessin et le plan du château sont accompagnés, dans cet ouvrage, d'une notice dans laquelle on lit ces renseignements techniques :

« Le bastiment a esté édifié par feu François de Valois, roi de France, premier
« de ce nom. Lequel après avoir fait bastir le chasteau de Saint-Germain-en-Laye,
« voyant iceluy luy estre tant à gré, comme d'estre accompagné d'un bois si
« prochain, il choisit un endroit en iceluy, près d'un petit marescage, distant
« de deux lieues dudit chasteau, où les bestes rousses lassées du travail de la
« chasse se retireroyent; et y fit dresser cette maison, pour avoir le plaisir de
« veoir la fin d'icelles, et la nomme la Muette, comme lieu secret et séparé,
« et fermé de boys de tous costez. Toutes fois estant bastie royalement, elle ne
« se peult tenir si muette ne cachée qu'elle n'apparoysse oultre le bois de sa gran-

« deur. Touchant l'édiffice, il est fait suyvant et tout ainsi que celuy de Saint-
« Germain : à sçavoir tous les ornemens de brique par le dehors. Quant
« au plan et commoditez du dedans, celà est d'autre ordonnance : n'estant
« qu'une masse, accompagnée de quatre quadres, autrement pavillons, es
« coingt. Sur le devant, du costé de l'entrée, est un escallier de fort bonne
« ordonnance : au milieu duquel, comme apparoist par ce plan, y a une
« allée, qui le sépare en deux : et dont les montées sont pareilles de chaque
« costé, soient montants ou descendans, respondans icelles à chacun étage.
« Pour le regard des membres des commoditez du dedans : en premier il y a
« le principal escallier, avec quatre viz ou montées prinses entre le corps du
« milieu et les quatre quadres. Audit corps du milieu, à chacun estage est
« une salle et deux chambres : à chacun quadre une chambre, garde robbe et
« privé. Oultre ce, y a une petite chapelle sur le derrière. Ce bastiment en
« son dernier estage est voulté, ainsi que le dit château de Saint-Germain et la
« terrace dessus. Mais depuis feu Philibert de l'Orme, architecte, voulant
« eslever le lieu encores plus hault ou éminent, y feit faire un comble d'ais
« en une demie circonférence, et icelle couvrir d'ardoise. La dessus, à la
« cime, il pratiqua encore une petite allée, qu'il feit couvrir de plomb :
« de laquelle on descouvre de toutes parts à l'environ, qui est une belle
« chose. Néantmoins depuis est advenu, que la dite couverture par le moyen
« de la terrace s'est affoncée de sorte que je croy que, qui n'y mettra ordre,
« le tout s'affoncera avec le temps : comme de vray le reste s'en va de jour à
« autre en ruine totale, attendu qu'il n'est habitué ny entretenu. »

Le château de la Muette fut démoli dans les dernières années du règne
de Louis XV ; et, sur son emplacement, l'on éleva un pavillon de chasse.

François Ier fit construire aussi par Pierre Ier Chambiges le château de Challuau, près Moret, qui servait également de rendez-vous de chasse, et dont l'architecture et les dispositions rappelaient celles du château de la Muette.

Challuau est ainsi décrit par J. A. du Cerceau dans « Les plus excellents bastiments de France ».

« Ce bastiment est assis au pays de Gastinois : entre Fontainebleau, Monte-
« reau et Nemours : dont iceluy faict comme un centre, ayant Fontainebleau pour
« occident, Montereau pour le septentrion, et Nemours pour le midy. Ce basti-

« ment n'est qu'un corps, ayant quatre pavillons aux quatre coings. A l'entrée est
« un perron à trois pans. Au-dessus est une chapelle couverte, le dosme dessus,
« D'iceluy perron on va à un grand escallier, pour aller du premier estage au
« second. Chascun d'iceux est garny sur le derrière d'une salle, chambre, avec
« garde robes, montées et privez. Sur le devant aux deux costez de l'escallier,
« et joignant iceluy, sont deux étroites allées, par lesquelles l'on va à une allée,

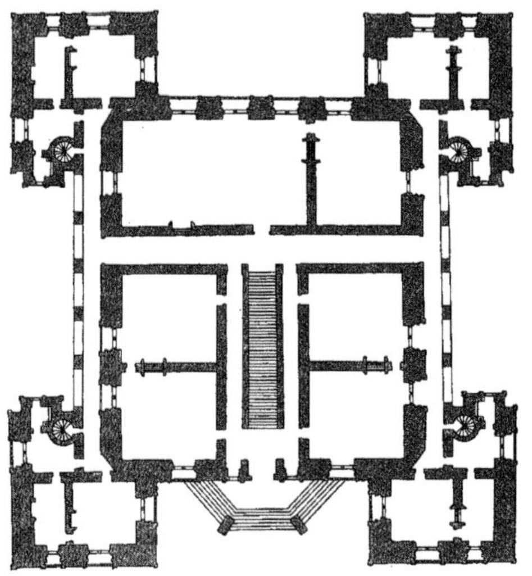

PLAN DU CHATEAU DE CHALLUAU
par J. A. du Cerceau

« qui ajour des deux bouts, laquelle faict séparation entre la salle et la chambre.
« Joignant icelle, et entre les membres qui sont sur le devant, qui sont, assçavoir à
« main dextre et senextre deux garde robes, montées et privez de chascun costé.

 « Cet édifice est basty de pierre et de brique. La couverture d'iceluy est une
« terrace de pierre de liais, suivant à peu près l'ordre de Sainct-Germain-en-Layes
« et la Muette. Joignant iceluy par le costé dextre en entrant est un jardin, au pied
« duquel est un canal duquel on pourroit faire de belles choses. L'autre costé oppo-
« site du jardin, dont le bastiment est entre deux, est une montaigne, où sont bois

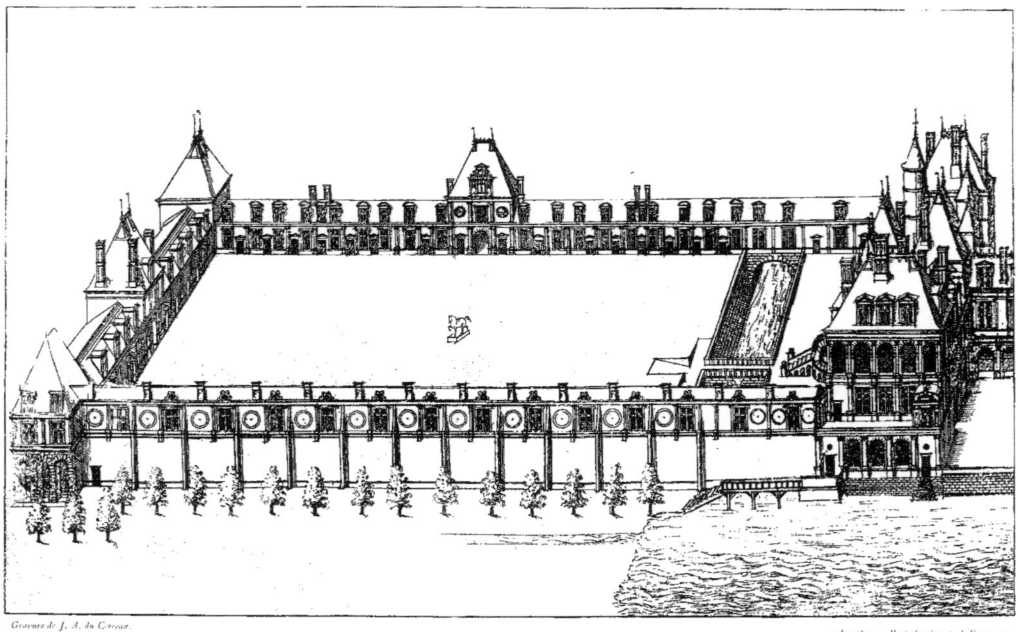

Gravure de J. A. du Cerceau.

« Les plus excellents bâtiments de France. »

CHATEAU DE FONTAINEBLEAU

Cour du Cheval blanc.

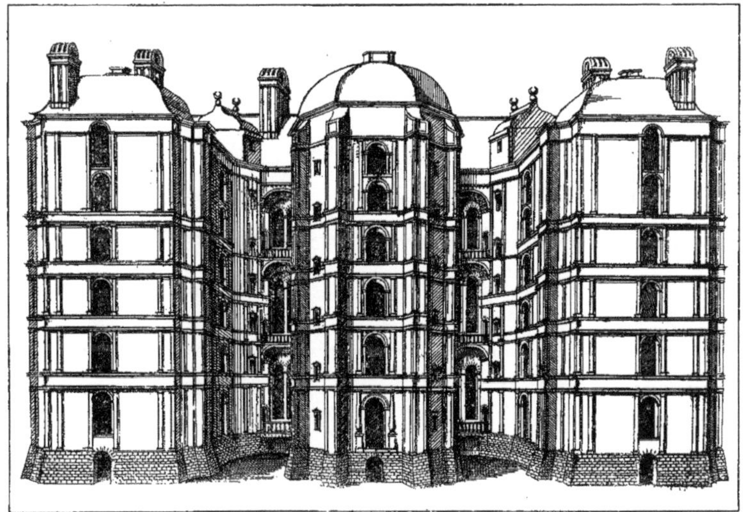

1. CHATEAU DE CHALLUAU — 2. CHATEAU DE LA MUETTE

Photographie Berthaud Frères

Phototypie Berthaud

PETITE GALERIE DU LOUVRE

« de haute fustaye; et d'icelle montaigne se peut faire un pont, duquel on iroit du
« bastiment au bois, tant la montaigne est près du logis. Le Roy Francois premier
« fit bastir cest édifice en ce lieu, à cause qu'au dict bois prochain y avait grande
« quantité de cerfs. Ce lieu de présent appartient à madame d'Estampes, et s'en
« va fort ruinant, à faute d'estre habité. »

Le château de Challuau existait encore en 1840, dans un état fort délabré. A
cette date, la famille de Caumartin, à qui il appartenait, le vendit. Le nouveau propriétaire le démolit; et, avec les matériaux, fit construire, sur son emplacement, une
modeste maison de campagne.

On a lu, plus haut, dans la généalogie des Chambiges, qu'en septembre 1511
Martin Chambiges ramena son fils de Troyes à Beauvais, où il l'employa aux travaux de la cathédrale; et qu'en 1518 il pria les chanoines de le lui adjoindre, au
titre de suppléant, requête qui était rejetée, à cause « des mœurs, jeux, vanités et
boissons » du jeune homme. Pierre Ier Chambiges, ayant promis de s'amender,
fut pris à l'essai pendant deux mois et demi. Les fragments de comptes de la
cathédrale ne contiennent aucun document qui puisse nous renseigner sur les ré-
sultats de cet essai, sur le temps que dura cette suppléance, et nous permettre de
savoir si les chanoines consentirent enfin à accepter la requête de leur maitre des
œuvres. Après la mort de son père, Pierre Ier Chambiges eut des relations fréquentes
avec le Chapitre, qui le manda, notamment en 1537, pour venir visiter les travaux
d'achèvement de la façade méridionale.

Le portail de cette façade contient une merveille d'art : les fameux vanteaux
de porte sculptés par Jean Le Pot. Deux historiens de la cathédrale, Desjardins et
Woillez, ont émis l'hypothèse que ces vantaux durent être dessinés par un autre
artiste que le célèbre huchier picard. « La porte du midi, écrit le premier (1),
« semble une œuvre de l'Ecole de Fontainebleau. Jean Le Pot a sans doute copié
« quelque projet dressé par un maître italien. On doit lui faire seulement honneur
« de la finesse et de la naïveté d'exécution ». Le second déclare que « les détails
des vantaux de la porte méridionale sont attribués au Primatice ou à Jean Goujon. » (2) Pourquoi aller chercher encore dans la colonie italienne des « deviseurs
de plans » l'artiste qui aurait composé ce chef-d'œuvre ? Une comparaison minu-

(1) *Histoire de la cathédrale de Beauvais*, page 75.
(2) *Répertoire archéologique du département de l'Oise*, page 24.

tieuse des ornements, si délicats et si gracieux, de la partie inférieure des vantaux avec les ornements de certaines parties de la façade de l'Hôtel de Ville de Paris sur la place de Grève, et des façades sur la cour centrale, permet, semble-t-il, de tenter de substituer à ces noms hypothétiques celui de Pierre Ier Chambiges. Les culots des grandes niches d'entre colonnes des pavillons d'angle, particulièrement, sont ornés de rinceaux et de volutes à figures d'enfants et à têtes de béliers, qui rappellent —, à en paraître l'original ou la copie, — le décor des trois panneaux de milieu, et celui du haut des trois panneaux inférieurs. L'ornemaniste qui a composé avec une si parfaite harmonie de lignes et de formes, qui a dessiné d'un trait si vigoureux, si ferme et si souple à la fois, les colonnettes, les pilastres, les dais de niches, les pinacles, les arcatures et les frontons de ces vantaux de portes, a une parenté évidente, certaine, de science, de goût et d'esprit, avec celui de l'Hôtel de Ville de Paris et du Château de Chantilly. Sans doute aucun, c'est le même, c'est Pierre Ier Chambiges.

UNE ŒUVRE DE PIERRE II CHAMBIGES

La Petite Galerie du Louvre.
Hypothèses sur la Grande Galerie du Louvre.

Sur l'emplacement du canal qui amenait les eaux de la Seine dans les fossés du vieux Louvre, et qui fut comblé lors des travaux exécutés en vue de la réception de Charles-Quint par François Ier, Charles IX faisait commencer, en 1564, la construction de la Petite Galerie. Cette galerie avait un double but : servir de passage pour amener à couvert les hôtes du roi au bord du fleuve ; et, sur la terrasse qui la surmontait, leur offrir une sorte d'observatoire, d'où ils pouvaient contempler, tout à leur aise, le magnifique panorama de la Seine et de sa rive gauche. Cette destination du bâtiment impliquait une ordonnance particulière, en harmonie de noble physionomie avec la riche architecture du pavillon Henri II ; et dont, cependant, l'originalité et la fantaisie furent assez caractérisées pour indiquer l'indépendance du reste du château. Son maître des œuvres ne pouvait paraître avoir eu le projet de continuer l'œuvre de Pierre Lescot : une sorte d'annexe eut été une inconvenance et une faute de goût.

Le roi chargea Pierre II Chambiges de résoudre ce difficile problème artistique. Sa solution fut aussi ingénieuse que spirituelle. Il construisit en matériaux de marbre noir et de pierre blanche alternants, en appareil à bossages, un bâtiment léger et robuste à la fois, qu'il décora d'ornements d'une délicatesse et d'une élégance particulières, de gracieuses figures personnifiant la Musique, l'Architecture, l'Agriculture et l'Astronomie, et de Renommées, œuvres de Barthélemy Prieur, sur la façade orientale, et de Pierre Biard sur la façade occidentale.

La physionomie du nouvel édifice était si caractéristique, et adaptée si parfaitement à sa destination que la partie supérieure, qui lui fut ajoutée plus tard, apparaît nettement, aujourd'hui, encore, comme une adjonction regrettable. Sous la régence d'Anne d'Autriche, la galerie était transformée en appartements. En conséquence, l'on supprima les ouvertures du côté de l'ouest; les deux extrémités de la façade se trouvèrent transformées par la substitution de fenêtres bombées aux anciennes arcades. Puis, Henri IV fit surélever d'un étage la galerie.

Berty, dans « la Topographie historique du Vieux Paris, région du Louvre et des Tuileries », a écrit à propos de la Petite Galerie : « On a supposé que la Grande
« et la Petite Galeries avaient été commencées par Jean Bullant ou par Philibert de
« l'Orme; mais ce sont là des hypothèses tout arbitraires, contraires même aux
« probabilités, car la partie de la Grande Galerie antérieure à la mort de ces deux
« maîtres ne rappelle nullement leur manière, et révèle plutôt un grand architecte
« ignoré, aux conceptions originales et brillantes. Pour la Petite Galerie, elle est
« attribuée par Sauval à un certain Chambiche, et l'obscurité, naguère si profonde, de ce nom, est la seule cause pour laquelle on a voulu faire honneur de
« l'édifice à un autre artiste. Jusqu'à présent, on s'est contenté de reproduire, avec
« une certaine défiance, l'assertion de Sauval; mais jamais on n'a donné l'ombre
« d'un renseignement ni sur l'individu, ni sur la vie du personnage qu'il indique.
« L'un et l'autre sont restés si inconnus que, récemment encore, un écrivain dis-
« tingué a conjecturé, d'ailleurs fort ingénieusement, que Chambiche devait être
« quelque compatriote de Catherine de Médicis. Lorsqu'on songe à l'aspect tout
« italien de la Petite Galerie et lorsqu'on se rappelle que le nom du Primatticio
« s'est traduit Primatiche en français, rien ne semble plus spécieux; rien n'est
« moins vrai, cependant : les documents que nous avons fini par découvrir éta-
« blissent que Chambiche était bien français et qu'on n'a pas à s'étonner de ce
« qu'il ait été chargé de conduire un édifice important ».

Léon Palustre attribue à Pierre II Chambiges le pavillon du Louvre, dénommé autrefois la Lanterne des Galeries, aujourd'hui pavillon Lesdiguières; et il a motivé cette attribution par l'analogie de l'appareil à bossages ici et là, et par la même élévation du niveau dans les étages inférieurs des deux constructions.

On a vu plus haut que Pierre II Chambiges s'associa avec son neveu Pierre Guillain et cinq autres maîtres maçons, pour l'entreprise des travaux de maçonnerie de la Grande Galerie du Louvre. Léon Palustre croit qu'il se pourrait que Pierre II Chambiges ait donné les plans de cette Galerie, dont la Lanterne des Galeries et la Petite Galerie formaient en quelque sorte les amorces; mais cet architecte aurait, sans doute, abandonné la réalisation de son projet. « A l'époque « où Henri IV fit reprendre les travaux de la Grande Galerie, dit-il, Pierre II « Chambiges était encore au nombre des vivants; cependant, il ne semble pas « que l'on ait songé un instant à lui demander de compléter son œuvre. Peut-être « craignait-on qu'il ne se refusât à exécuter un plan nouveau. Quoiqu'il en soit, « c'est bien certainement sur Thibaut Métezeau que se portèrent les préférences « du monarque ». Cette argumentation de l'historien d'art n'est point très plausible. Quatre ans après l'achèvement de la Grande Galerie, en 1600, Pierre II Chambiges signait avec ses associés, une requête au surintendant des Bâtiments du Roy pour le payement de ce qui leur était dû depuis longtemps. N'aurait-il pas été, au Louvre, à la fois l'architecte, et l'entrepreneur en association avec d'autres maîtres maçons, en raison de l'importance de l'entreprise dépassant ses ressources financières personnelles? Un fait intéressant, resté inaperçu de tous les historiens du Louvre, semble confirmer cette hypothèse. Dans un devis des travaux de l'Hôtel de Ville de Paris, dressé par Pierre Guillain, il est déclaré que le comble de cet édifice fut construit sur le modèle du comble de la Grande Galerie du Louvre. A cette période d'achèvement du palais municipal, Pierre II Chambiges fut appelé plusieurs fois en consultation par le Bureau de la Ville pour donner ses conseils et avis sur l'exécution des plans de son grand-père, et sur les modifications qu'on pouvait y apporter sans courir le risque d'altérer le caractère de l'édifice. Si Guillain proposa de faire le comble de l'Hôtel de Ville sur le modèle du comble de la Grande Galerie du Louvre, et si Pierre II Chambiges accepta cette proposition, c'est très vraisemblablement parce que le petit-fils du maître des œuvres de maçonnerie de la Ville de Paris, en 1535, était lui-même l'auteur de ce dernier comble, tenu pour un chef-d'œuvre en son genre.

La difficulté de résoudre actuellement ce problème de l'attribution précise d'une partie importante d'un monument historique aussi fameux que le Louvre.

justifie la fin de la préface de cette étude, incomplète, sur les Chambiges : Il ne
leur a manqué, comme à la plupart de nos grands artistes de la Renaissance, qu'un
Vasari, pour occuper dans l'Histoire générale de l'Art le rang de la gloire et de
l'immortalité où il a placé, fièrement et patriotiquement, les « deviseurs de plans »
italiens, dont les noms sont devenus classiques, populaires même. Certainement
l'auteur de la Petite Galerie, merveille de goût, de grâce et d'originalité, n'en était
pas à ses débuts d'architecte. Il n'avait pu acquérir cette maîtrise d'artiste et de
constructeur que par de nombreux travaux antérieurs ; et cette œuvre dut lui
valoir la construction d'autres édifices publics et d'hôtels particuliers, à une
époque où la pacification du royaume par Henri IV, après tant d'années de guerre
civile, avait ramené partout la prospérité, la richesse et le luxe. Mais l'on ne sait
encore presque rien de Pierre II Chambiges ; et sa biographie se résume jusqu'ici
en une bien courte esquisse, remplie beaucoup plus de suppositions et d'hypothèses que de certitudes et d'affirmations.

TABLE DES CHAPITRES

TABLE DES GRAVURES HORS TEXTE

OUVRAGES DE M. MARIUS VACHON

L'Ancien Hôtel de Ville de Paris. Grand in-4°, 200 gravures dans et hors texte. A. Quantin, éditeur. Ouvrage publié avec le concours du Conseil municipal de Paris, 1882.

Le Nouvel Hôtel de Ville de Paris. Grand in-4°, 350 gravures dans et hors texte. Ouvrage publié par ordre et aux frais du Conseil municipal de Paris, 1900.

L'Art Français pendant la Guerre de 1870-1871 et la Commune. Ouvrage auquel le prix Bordin a été décerné, en 1880, par l'Académie des Beaux-Arts. 4 vol. in-12, avec gravures. A. Quantin, éditeur.

Les Peintres étrangers à l'Exposition de 1878. In-18. L. Baschet, éditeur.

Pierre Vanneau et le Monument de Jean Sobieski. Grand in-4°, avec gravures, 1879. Charavay frères, éditeurs.

Les Ruines Archéologiques de Sanxay. In-8°, avec 10 photogravures. L. Baschet, éditeur, 1882.

Nos Industries d'Art en péril. In-8°. L. Baschet, éditeur, 1882.

La Question du Mont-Saint-Michel. In-4° de 50 pages avec gravures, 1883.

Delacroix, sa vie et son œuvre. In-folio, 40 photogravures et nombreux dessins dans le texte. Dumas, éditeur, 1885.

Jacques Callot. In-8°, avec gravures. Librairie de l'Art, Rouam, 1887.

Philibert de l'Orme. In-8°, avec gravures. Librairie de l'Art, Rouam, 1887.

La Russie au Soleil. In-16. V. Havard, éditeur, 1887.

La Crise Industrielle et Artistique en France et en Europe. In-16. Librairie Illustrée, 1886.

Rapports de Missions Officielles (Ministère de l'Instruction publique et des Beaux-Arts) sur les Musées, Écoles et Institutions d'art industriel en France (départements), en Allemagne, Angleterre, Autriche-Hongrie, Belgique, Hollande, Italie, Russie, Danemark, Suède et Norvège. 6 volumes grand in-4°. A. Quantin, Imprimerie Nationale, et Berger-Levrault, 1885-1889-1896.

Résumé de Rapports de Missions officielles (Ministère de l'Instruction publique et des Beaux-Arts). In-8°. Librairies-Imprimeries Réunies (Ancienne Maison Quantin), 1894.

Les Industries d'Art indigènes en Algérie (Mission du Gouvernement général de l'Algérie. 1 vol. grand in-4°, 1902.

Les Manufactures nationales : Les Gobelins, Sèvres et Beauvais (En collaboration avec Henry Havard). Grand in-4°, avec gravures. Librairie Illustrée, 1889.

L'Exposition d'Art et d'Industrie de Saint-Etienne. In-4°, avec phototypies et dessins. Théolier, éditeur, 1892 (Médaille d'or de la Société d'encouragement à l'Industrie nationale, 1894).

La Femme dans l'Art. Grand in-4° de 600 pages, avec 400 gravures. Rouam, éditeur, 1893.

Les Marins russes en France. In-4°, avec photogr. et dessins. Librairies-Imprimeries Réunies (Ancienne maison Quantin), 1894.

Les Chats, Esquisse artistique, naturelle et sociale. Tableaux et dessins d'Henriette Ronner. In-folio. Boussod et Valadon, 1895.

Les Arts et les Industries du Papier. In-4°, avec 200 photogravures, dans et hors texte, en couleurs. Librairies-Imprimeries Réunies (Ancienne maison Quantin), 1895.

Enquête sur les Industries d'art de Bordeaux. In-8° de 132 pages. G. Gounouilhou, éditeur, Bordeaux, 1895.

Puvis de Chavannes. Grand in-4° jésus, avec 100 photogravures dans le texte; 27 planches en phototypie et 15 héliogravures hors texte. A. Lahure, Braun et Clément, éditeurs, 1896.

Jules Breton. Grand in-4° jésus, avec 100 photogravures dans le texte et 20 héliogravures hors texte. A. Lahure, éditeur, 1897.

Édouard Detaille. Grand in-4° jésus, avec 100 photogravures dans le texte et 20 héliogravures hors texte. A. Lahure, éditeur, 1897.

W. Bouguereau. Grand in-4° jésus, avec 100 photogravures dans le texte et 25 héliogravures hors texte. A. Lahure, éditeur, 1898.

Puvis de Chavannes. Petit in-18, édition nouvelle. Société d'Édition Artistique, 1899.

Pour la Défense de nos Industries d'art. Petit in-16. A. Lahure, éditeur, 1900.

Pour devenir un Artiste. Petit in-8° avec 50 gravures. Ch. Delagrave, éditeur, 1905.

Mémoires au Conseil municipal de Paris, sur le projet de placer dans l'Hôtel-de-Ville une inscription en l'honneur du Boccador. Trois brochures in-8° dont une avec dessins et plans. 1903, 1904 et 1905.

Imp. PAUL DUPONT, 144, rue Montmartre. — Paris, 2ᵉ Arrᵗ. — 162.4.1907 (Cl.).

www.ingramcontent.com/pod-product-compliance
Ingram Content Group UK Ltd.
Pitfield, Milton Keynes, MK11 3LW, UK
UKHW022338090726
13658UKWH00001B/329